CONTEÚDO DIGITAL PARA ALUNOS

Cadastre-se e transforme seus estudos em uma experiência única de aprendizado:

Escaneie o QR Code para acessar a página de cadastro.

Complete-a com seus dados pessoais e as informações de sua escola.

Adicione ao cadastro o código do aluno, que garante a exclusividade de acesso.

5206124A2428659

Agora, acesse:
www.editoradobrasil.com.br/leb
e aprenda de forma inovadora
e diferente! :D

Lembre-se de que esse código, pessoal e intransferível, é válido por um ano. Guarde-o com cuidado, pois é a única maneira de você utilizar os conteúdos da plataforma.

TEMPO DE PORTUGUÊS

ROSANA CORRÊA
- Licenciada em Letras pela Pontifícia Universidade Católica de São Paulo (PUC-SP)
- Especialista em Tecnologias Interativas Aplicadas à Educação pela (PUC-SP)
- Professora de Língua Portuguesa e formadora de professores

CÉLIA FAGUNDES ROVAI
- Licenciada em Letras pela Pontifícia Universidade Católica de São Paulo (PUC-SP)
- Professora e coordenadora de Língua Portuguesa

MARA SCORSAFAVA
- Licenciada em Língua e Literatura Portuguesas pela Pontifícia Universidade Católica de São Paulo (PUC-SP)
- Professora e coordenadora de Língua Portuguesa

COLEÇÃO TEMPO
LÍNGUA PORTUGUESA
7
4ª edição
São Paulo, 2019.

Editora do Brasil

Dados Internacionais de Catalogação na Publicação (CIP)
(Câmara Brasileira do Livro, SP, Brasil)

> Corrêa, Rosana
>   Tempo de português 7 / Rosana Corrêa, Célia Fagundes Rovai, Mara Scorsafava. – 4. ed. – São Paulo: Editora do Brasil, 2019. – (Coleção tempo)
>
>   ISBN 978-85-10-07517-6 (aluno)
>   ISBN 978-85-10-07518-3 (professor)
>
>   1. Português (Ensino fundamental) I. Rovai, Célia Fagundes. II. Scorsafava, Mara. III. Título. IV. Série.
>
>   19-26571   CDD-372.6

Índices para catálogo sistemático:
1. Português: Ensino fundamental 372.6
Maria Alice Ferreira – Bibliotecária – CRB-8/7964

© Editora do Brasil S.A., 2019
Todos os direitos reservados

Direção-geral: Vicente Tortamano Avanso

Direção editorial: Felipe Ramos Poletti
Gerência editorial: Erika Caldin
Supervisão de arte e editoração: Cida Alves
Supervisão de revisão: Dora Helena Feres
Supervisão de iconografia: Léo Burgos
Supervisão de digital: Ethel Shuña Queiroz
Supervisão de controle de processos editoriais: Roseli Said
Supervisão de direitos autorais: Marilisa Bertolone Mendes

Supervisão editorial: Selma Corrêa
Coordenação pedagógica: Maria Cecília Mendes de Almeida
Edição: Simone D'Alevedo
Assistência editorial: Camila Grande, Gabriel Madeira e Jamila Nascimento
Auxílio editorial: Laura Camanho
Apoio editorial: Patrícia Ruiz, Carolina Massanhi e Mariana Gazeta
Copidesque: Flávia Gonçalves, Martin Gonçalves e Ricardo Liberal
Revisão: Alexandra Resende, Elis Beletti, Evelize Pereira e Rosani Andreani
Pesquisa iconográfica: Elena Molinari e Marcia Sato
Assistência de arte: Carla Del Matto e Letícia Santos
Design gráfico: Andrea Melo
Capa: Megalo Design
Imagem de capa: Mtsaride/Shutterstock.com, Dmytro Zinkevych/Shutterstock.com, HAKINMHAN/Shutterstock.com, FernandoPodolski/iStockphoto.com
Ilustrações: Claudia Marianno, DKO Estúdio, Rogério Borges, Sandra Lavandeira, Simone Matias, Simone Ziasch e Zubartez
Produção cartográfica: Alessandro Passos da Costa e DAE (Departamento de Arte e Editoração)
Coordenação de editoração eletrônica: Abdonildo José de Lima Santos
Editoração eletrônica: Daniel Campos Souza, Elbert Stein, Flávia Jaconis, Gilvan Alves da Silva, Maira Spilack, Marcos Gubiotti e Ricardo Brito
Licenciamentos de textos: Cinthya Utiyama, Jennifer Xavier, Paula Harue Tozaki e Renata Garbellini
Controle de processos editoriais: Bruna Alves, Carlos Nunes, Rafael Machado e Stephanie Paparella

4ª edição / 1ª impressão, 2019
Impresso na Gráfica Santa Marta Ltda.

Rua Conselheiro Nébias, 887
São Paulo, SP – CEP 01203-001
Fone: +55 11 3226-0211
www.editoradobrasil.com.br

Caro aluno,

Você está convidado a participar de nosso trabalho. É o convidado especial, com quem contamos para que nossa jornada seja completa.

Foi pensando em você que dedicamos nosso tempo, nossas experiências, nossos estudo e nossos ideais para preparar um itinerário – ao mesmo tempo desafiador e prazeroso – nesta busca do conhecimento.

Aqui esperam por você bons momentos de leitura, de reflexão e de experiência como produtor de texto para fazê-lo avançar na aprendizagem da Língua Portuguesa e também para ampliar sua capacidade, como ser humano, de expressar sua forma única de ver e sentir o mundo.

Conte com nosso apoio.

Abraços das autoras e de toda a equipe

SUMÁRIO

UNIDADE 1
Explicações sobre o mundo 8

CAPÍTULO 1 10
- **ANTES DE LER** 10
- **LEITURA**
  - *A árvore de cabeça para baixo*, de Georges Gneka (mito) 11
  - **CURIOSO É...** *Ícaro*, de Luiz Eduardo Ricon 12
  - **AQUI TEM MAIS** O baobá 13
- **ESTUDO DO TEXTO** 13
- **ESTUDO DA LÍNGUA**
  - Qualificadores e determinantes do substantivo 16
- **ATIVIDADES** 17

CAPÍTULO 2 19
- **LEITURA**
  - *O dia em que o Arco-Íris estancou a chuva*, de Reginaldo Prandi (mito) 19
- **ESTUDO DO TEXTO** 22
- **O QUE APRENDEMOS COM O ESTUDO DE** Mito 23
- **AQUI TEM MAIS** Mitos indígenas 24
- **ENTRELAÇANDO LINGUAGENS** 26
- **ESTUDO DA LÍNGUA**
  - Preposição 27
  - Conjunção 29
- **ATIVIDADES** 31
- **ORALIDADE**
  - Contação de mitos 33
- **ESCRITA EM FOCO**
  - Emprego das letras **g** e **j** 34
- **ATIVIDADES** 35
- **DICAS** 35

UNIDADE 2
Registros de viagem 36

CAPÍTULO 1 38
- **ANTES DE LER** 38
- **LEITURA**
  - *Sem lentes, explorei a natureza de Bonito sem a precisão do que via*, de Zeca Camargo (crônica de viagem) 39
  - **AQUI TEM MAIS** Bonito 41
- **ESTUDO DO TEXTO** 41
- **ESTUDO DA LÍNGUA**
  - Advérbios 44
- **ATIVIDADES** 45

CAPÍTULO 2 48
- **LEITURA**
  - *Strike a pose*, de Clarice Niskier (crônica de viagem) 48
  - **CURIOSO É...** *Selfie* em museu pode ser positiva 49
- **ESTUDO DO TEXTO** 50
- **CURIOSO É...** Museu do Louvre 51
- **O QUE APRENDEMOS COM O ESTUDO DE** Crônica de viagem 52
- **AQUI TEM MAIS** Mona Lisa 52
- **ESTUDO DA LÍNGUA**
  - Coesão do texto 53
- **ATIVIDADES** 54
- **ESCRITA EM FOCO**
  - Onde e aonde 56
- **ATIVIDADES** 56
- **ENTRELAÇANDO LINGUAGENS** 57
- **PRODUÇÃO ESCRITA**
  - Crônica de viagem 58
- **DICAS** 59

UNIDADE 3
De pergunta em pergunta 60

CAPÍTULO 1 62
- **ANTES DE LER** 62
- **LEITURA**
  - *Entrevista com Fábio Moon e Gabriel Bá: "HQ em dose dupla"*, de Camila Prado (HQ) 63
- **ESTUDO DO TEXTO** 67
- **CURIOSO É...** Programa Escrevendo o Futuro 67
- **AQUI TEM MAIS** Eles fizeram 69
- **ESTUDO DA LÍNGUA**
  - Verbo – Modo indicativo 70
    - Presente 72
    - Pretérito 73
    - Futuro 73
- **ATIVIDADES** 74

CAPÍTULO 2 77
- **LEITURA**
  - *Bailarina brasileira brilha em NY e sonha ser vista pela mãe em cena*, de Raquel Lima (entrevista) 77
- **AQUI TEM MAIS** Dançando para Não Dançar 78
- **ESTUDO DO TEXTO** 79
- **O QUE APRENDEMOS COM O ESTUDO DE** Entrevista 81
- **AQUI TEM MAIS** Dance Theatre of Harlem Ensemble 81
- **ENTRELAÇANDO LINGUAGENS** 82
- **ESTUDO DA LÍNGUA**
  - Verbo: modo subjuntivo 83
- **ATIVIDADES** 84
- **ORALIDADE**
  - Transcrição de entrevista 86
- **ATIVIDADES** 86
- **ESCRITA EM FOCO**
  - Parônimos e homônimos 87
- **ATIVIDADES** 89
- **PRODUÇÃO ESCRITA**
  - Entrevista 90
- **DICAS** 91

UNIDADE 4
Venha participar da campanha! 92

CAPÍTULO 1 94
- **ANTES DE LER** 94
- **LEITURA**
  - *Estamos numa onda contra a poluição do plástico* (propaganda) 96
- **ESTUDO DO TEXTO** 97
- **AQUI TEM MAIS** Itapoá 97
- **AQUI TEM MAIS** O Greenpeace e a escultura da baleia-azul 99
- **ESTUDO DA LÍNGUA**
  - A argumentação 100
- **CURIOSO É...** O vídeo da tartaruga que viralizou 100
- **ATIVIDADES** 102

CAPÍTULO 2 103
- **LEITURA**
  - *Poupe água, poupe vidas* (propaganda) 103
- **ESTUDO DO TEXTO** 104
- **O QUE APRENDEMOS COM O ESTUDO DE** Propaganda de campanha social 105
- **DIÁLOGO**
  - Você sabe o que é pegada ecológica? 105
- **ESTUDO DA LÍNGUA**
  - Formas nominais 106
- **ATIVIDADES** 107
- **ENTRELAÇANDO LINGUAGENS** 108
- **DICAS** 109
- **ESCRITA EM FOCO**
  - Grafia de verbos irregulares 110
- **ATIVIDADES** 111
- **PRODUÇÃO ESCRITA**
  - Campanha e propaganda de campanha 112
- **CONSTRUIR UM MUNDO MELHOR**
  - Os direitos do consumidor e as relações de consumo 114

UNIDADE 5
Além da notícia 116

CAPÍTULO 1.. 118
- **ANTES DE LER...118**
- **LEITURA**
  Projeto incentiva meninas a se interessarem pelas ciências exatas (reportagem)............119
- **ESTUDO DO TEXTO..121**
- **O QUE APRENDEMOS COM O ESTUDO DE** Reportagem..124
- **DIÁLOGO**
  A participação de mulheres nas Ciências Exatas..124
- **ESTUDO DA LÍNGUA**
  Sujeito e predicado...125
- **ATIVIDADES..129**

CAPÍTULO 2 132
- **LEITURA**
  Uso em excesso de celulares e aparelhos eletrônicos pode causar problemas de saúde, de Henrique Souza (reportagem)..132
- **AQUI TEM MAIS** Títulos e seus impactos..135
- **ESTUDO DO TEXTO....................................... 135**
- **ESTUDO DA LÍNGUA**
  Verbos significativos e de ligação..................137
- **ATIVIDADES... 139**
- **PRODUÇÃO ESCRITA**
  Reportagem..142
- **ESCRITA EM FOCO**
  O uso de **há/a**, **mais/mas**................................144
- **ATIVIDADES... 145**
- **DICAS 145**

UNIDADE 6
Que comece o espetáculo! 146

CAPÍTULO 1.. 148
- **ANTES DE LER...148**
- **LEITURA**
  "Boi Paraense" (da Serrinha), de Eduardo Campos (texto dramático)........................... 149
- **AQUI TEM MAIS** O Bumba Meu Boi pelo Brasil 151
- **ESTUDO DO TEXTO....................................... 152**
- **ENTRELAÇANDO LINGUAGENS 154**
- **ESTUDO DA LÍNGUA**
  Transitividade verbal 155
- **ATIVIDADES... 156**

CAPÍTULO 2 157
- **LEITURA**
  Os três porquinhos, de Alexandra Golik e Carla Candiotto (texto dramático).........................157
- **ESTUDO DO TEXTO....................................... 162**
- **AQUI TEM MAIS** A peça 164
- **O QUE APRENDEMOS COM O ESTUDO DE** Texto dramático......................................165
- **DICAS 165**
- **PRODUÇÃO ESCRITA**
  Texto dramático e montagem teatral..............166
- **ESCRITA EM FOCO**
  Grafia dos sons de **z** 168
- **ATIVIDADES... 169**
- **CONSTRUIR UM MUNDO MELHOR**
  Novos espaços – lugares de expressão 170

UNIDADE 7
Como e para que fazer relatórios? 172

CAPÍTULO 1..174
- **ANTES DE LER**.. 174
- **LEITURA**
  - Juventude conectada 2 – Parte 1 (relatório de pesquisa).................................. 174
- **ESTUDO DO TEXTO**...................................... 182
- **AQUI TEM MAIS** Como os jovens brasileiros usam a internet?..................................182
- **CURIOSO É...** Critérios para definir o número de entrevistados de uma pesquisa............ 183
- **ESTUDO DA LÍNGUA**
  - Formação de palavras: derivação 184
    - Derivação prefixal 185
    - Derivação sufixal 185
- **ATIVIDADES** 187

CAPÍTULO 2 188
- **LEITURA**
  - Juventude conectada 2 – Parte 2 (relatório de pesquisa).................................. 188
- **ESTUDO DO TEXTO**.......................................191
- **O QUE APRENDEMOS COM O ESTUDO DE** Relatório de pesquisa 191
- **PRODUÇÃO ESCRITA**
  - Pesquisa e registro de dados.......................... 192
- **ESCRITA EM FOCO**
  - Grafia dos sons do **s** 194
- **ATIVIDADES** 195
- **DICAS** 195

UNIDADE 8
Histórias extraordinárias................. 196

CAPÍTULO 1...................................... 198
- **ANTES DE LER**... 198
- **LEITURA**
  - *A caixa retangular*, de Edgar Allan Poe (conto fantástico)..199
- **AQUI TEM MAIS** O fantástico.......................203
- **ESTUDO DO TEXTO**...................................... 204
- **ESTUDO DA LÍNGUA**
  - Período composto 207
    - Orações coordenadas...................................207
- **ATIVIDADES** 208
- **ORALIDADE**
  - Lenda urbana..209

CAPÍTULO 2 210
- **LEITURA**
  - *As formigas*, de Lygia Fagundes Telles (conto fantástico)...210
- **AQUI TEM MAIS** Marcelo Grassmann.........216
- **ESTUDO DO TEXTO**.......................................217
- **O QUE APRENDEMOS COM O ESTUDO DE** Conto fantástico......................................219
- **ENTRELAÇANDO LINGUAGENS** 220
- **DICAS** 220
- **PRODUÇÃO ESCRITA**
  - Conto fantástico... 221
- **ESCRITA EM FOCO**
  - Interjeição e pontuação 222
- **ATIVIDADES** 223
- **REFERÊNCIAS**..224

UNIDADE 1

Explicações sobre o mundo

↑ *A queda de Ícaro*, de Carlo Saraceni, 1606-1067. Óleo sobre tela, 34 cm × 54 cm.

NESTA UNIDADE
VOCÊ VAI:

- ler mitos e estudar as principais características desse gênero textual;
- refletir sobre a necessidade dos seres humanos de explicar o mundo;
- assistir a uma animação sobre a criação das ondas;
- estudar os substantivos e seus determinantes;
- participar de uma contação de mitos.

1. O que essa imagem representa?
2. Essa cena se refere a um mito grego. Você sabe o que é **mito**?
3. Leia o título da pintura. Já ouviu falar de Ícaro?
4. Observando a imagem, qual dos personagens você imagina que seja Ícaro? Por quê?
5. O que pode ter acontecido a esse personagem antes dessa cena? Converse com os colegas.

9

CAPÍTULO 1

> Neste capítulo, você vai ler e analisar um mito africano e estudar o substantivo e seus determinantes.

ANTES DE LER

Você já ouviu a palavra **mito**? Em que contexto? Os mitos são criados pelos seres humanos, em diferentes culturas e tempos, para explicar o surgimento do mundo, os fenômenos da natureza e os comportamentos humanos.

As histórias a seguir foram criadas por povos indígenas, africanos e grego. É comum que essas histórias sejam recontadas e transmitidas de geração a geração. Em alguns casos, foram registradas por escrito pelos próprios povos que as criaram ou por outros autores. Vamos conhecê-las?

Mitos recontados por escritor da etnia mundurucu.

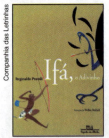
Mitos recontados por estudioso da cultura afro-brasileira.

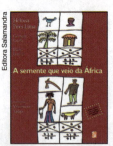
Mitos recontados por africanos e por estudiosa das culturas africanas.

Mitos recontados por um escritor.

Mitos indígenas brasileiros coletados por uma estudiosa brasileira.

1. Você conhece algum desses livros?

2. Leu algum dos mitos desses povos? Se leu, conte aos colegas.

3. Na seção **Leitura**, a seguir, você conhecerá um mito sobre o baobá cujo título é "A árvore de cabeça para baixo", publicado no livro *A semente que veio da África*.
    a) Você sabe o que é um baobá? Já viu algum?
    b) Em sua região, você já viu alguma árvore desse tipo?
    c) Em sua opinião, por que a pessoa que recontou o mito deu esse título a ele?
    d) Esse é um mito africano, foi escrito do jeito que é contado na Costa do Marfim. Você já ouviu falar desse país?

10

Agora conheça o mito e veja se suas hipóteses se confirmam.

A árvore de cabeça para baixo

(Uma história da Costa do Marfim)

Nos primórdios da vida, o Criador fez surgir tudo no mundo. Ele criou primeiro o baobá, e só depois continuou a fazer tudo existir.

Mas ao lado do baobá havia um charco. O Criador havia plantado o primogênito bem perto de uma região alagadiça. Sem vento, a superfície daquelas águas ficava lisa como um espelho. O baobá se olhava, então, naquele espelho-d'água. Ele se olhava, se olhava e dizia insatisfeito:

– Por que não sou como aquela outra árvore?

Ora achava que poderia ter os cabelos mais floridos, as folhas, talvez, um pouco maiores.

O baobá resolveu, então, se queixar ao Criador, que escutou por uma, duas horas as suas reclamações. Entre uma queixa e outra, o Criador comentava:

– Você é uma árvore bonita. Eu gosto muito de você. Me deixe ir, pois preciso continuar o meu trabalho.

Mas o baobá mostrava outra planta e perguntava: Por que suas flores não eram assim tão cheirosas? E sua casca? Parecia mais a pele enrugada de uma tartaruga. E o Criador insistia:

– Me deixe ir, você para mim é perfeito. Foi o primeiro a ser criado e, por isso, tem o que há de melhor em toda a criação.

Mas o baobá implorava:

– Me melhore aqui, e um pouco mais ali...

O Criador, que precisava fazer os homens e os outros seres da África, saía andando. E o baobá o seguia onde quer que ele fosse. Andava para lá e para cá. (E é por isso que essa árvore existe por toda a África.)

O baobá não deixava o Criador dormir. Continuava e continuava, e continuava sempre a implorar melhorias.

> **GLOSSÁRIO**
> **Alagadiça:** que alaga.
> **Charco:** região com água parada.
> **Primogênito:** o primeiro filho, o mais velho.
> **Primórdio:** início, começo.

Justo a árvore que o Criador achava maravilhosa, pois não era parecida com nenhuma outra, nunca ficava satisfeita! Até que, um dia, o Criador foi ficando irritado, irritado, mas muito irritado, pois não tinha mais tempo pra nada. Ficou irado mesmo. E aí então se virou para o baobá e disse:

– Não me amole mais! Não encha mais a minha paciência. Pare de dizer que na sua vida falta isso e aquilo. E cale-se agora.

Foi então que o Criador agarrou o baobá, arrancou-o do chão e o plantou novamente. Só que... dessa vez, foi de ponta-cabeça, para que ele ficasse de boca calada.

Isso explica sua aparência estranha; é como se as raízes ficassem em cima, na copa. Parece uma árvore virada de ponta-cabeça!

Até hoje dizem que os galhos do baobá, voltados para o alto, parecem braços que continuam a se queixar e a implorar melhorias para o Criador. E o Criador, ao olhar para o baobá, enxerga a África.

Georges Gneka. A árvore de cabeça para baixo. In: Heloisa Pires Lima, Georges Gneka e Mário Lemos. *A semente que veio da África*. São Paulo: Salamandra, 2005. p. 14-17.

Georges Gneka é um contador de histórias africanas. Nasceu na cidade de Abidjã, antiga capital da Costa do Marfim. Apesar de viver em uma cidade grande, viajava para a aldeia de seus avós maternos e paternos nas férias escolares. Uma dessas aldeias ficava no meio da floresta e, como o caminho era longo, durante o trajeto Georges Gneka ouviu muitas histórias, "uma para cada coisa que existe no mundo", segundo ele.

A outra aldeia ficava próxima ao mar. Nas noites de lua cheia, todo o vilarejo se sentava embaixo de uma grande árvore para ouvir e trocar histórias. Os velhos sábios da aldeia a chamavam de Árvore da Palavra. Essa árvore imponente, com seus braços levantados em direção ao céu, era um baobá.

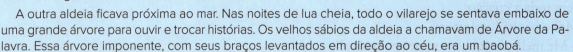

Ícaro

Ícaro era filho de Dédalo, o genial arquiteto e inventor que trabalhava para o Rei Minos, na Ilha de Creta. [...]

Depois que Teseu derrotou o Minotauro (essa história a gente conta outro dia...), Dédalo foi preso no labirinto, junto com seu filho, Ícaro.

Para conseguirem fugir, ele teve a ideia de construir asas feitas com penas de gaivotas coladas com cera de abelhas. E, como era um grande inventor, suas asas realmente funcionaram e os dois saíram voando do labirinto e fugiram de Creta.

Porém, ao sentir-se livre como um pássaro, voando pelos céus, Ícaro pensou que era tão poderoso quanto um deus e voou cada vez mais alto, sem ouvir os conselhos de seu pai, que alertava para o perigo de um voo tão ousado.

O castigo pela ousadia não demorou. Pouco a pouco, o calor do sol foi derretendo a cera e descolando as penas, desfazendo as asas. Sem poder ajudar o filho, Dédalo assistiu horrorizado enquanto Ícaro despencava das alturas até cair no Mar Egeu, onde acabou se afogando.

Luiz Eduardo Ricon. *MultiRio*, 22 set. 2016. Disponível em: <www.multirio.rj.gov.br/index.php/interaja/multiclube/9a11/diz-a-lenda/10304-%C3%ADcaro>. Acesso em: 18 jan. 2019.

AQUI TEM MAIS

O baobá

Os baobás podem viver milhares de anos e só chegam à maioridade com mil anos. Se observarmos com atenção, notamos que essas árvores parecem ter sido plantadas com a cabeça para baixo por causa da aparência de seus galhos, que lembram raízes.

O tronco de um baobá pode medir mais de 20 metros de diâmetro, e ele pode armazenar até 100 mil litros de água e resistir ao fogo. Tudo no baobá pode ser aproveitado, desde a casca até os frutos. Seu tronco, vazio, pode servir de abrigo.

Outra curiosidade é que essa árvore é a comida preferida dos elefantes, mas só uma manada inteira consegue derrubá-la.

↑ Baobá, também conhecido como barriguda, na Praça da República. Recife, Pernambuco (2009).

Aqui no Brasil, existem baobás espalhados por vários lugares. Em Pernambuco ela recebe o nome de barriguda. O maior exemplar do país está no Rio de Janeiro e tem 25 metros de altura. E como elas chegaram ao nosso país? Alguns acreditam que Maurício de Nassau, holandês que se instalou no Nordeste por vários anos, mandou trazer algumas sementes. Outros afirmam que os africanos escravizados trouxeram sementes para ter um pedaço de sua terra natal junto a eles. Quem sabe?

Fontes: Heloísa Pires Lima. *A semente que veio da África*. São Paulo: Salamandra, 2005; Maria Luciana Rincon. Baobás: por que essas árvores africanas têm tronco tão largos? Megacurioso. Disponível em: <www.megacurioso.com.br/plantas-e-frutas/39949-baoba-por-que-essas-arvores-africanas-tem-troncos-tao-largos-.htm>. Acesso em: 18 jan. 2019.

ESTUDO DO TEXTO

Apreciação

1. Qual é sua opinião sobre o texto que leu? Justifique.

2. O mito se desenvolveu como você imaginou?

3. Você conhecia a árvore baobá e seu formato?

Interpretação

1. Releia o quadro sobre a biografia de Georges Gneka.

   a) Como ele conheceu os mitos africanos?

   b) Por qual meio, provavelmente, o autor do livro conheceu esses mitos? Copie a alternativa correta.
   - Registros escritos.
   - Relatos orais.
   - Relatos orais e registros escritos.

c) Qual é a importância de histórias como essa terem sido publicadas em um livro?
Copie as alternativas corretas no caderno.
- Para não serem esquecidas.
- Para mostrar a cultura dos povos africanos.
- Para conhecermos essa árvore africana.
- Para mostrar a vegetação da Costa do Marfim.

2. Releia este trecho do mito.

> **Nos primórdios da vida**, o Criador fez surgir tudo no mundo. [...]
> Até que, **um dia**, o Criador foi ficando irritado, irritado, mas muito irritado [...].

a) O que as expressões destacadas indicam na história?
b) Copie a alternativa correta no caderno. Essas expressões indicam:
- um tempo determinado no passado.
- um tempo determinado no presente.
- um tempo indeterminado no passado.
- um tempo indeterminado no presente.

3. O mito apresenta dois personagens: o Criador e o baobá. Releia estes dois trechos do texto.

> I. O baobá resolveu, então, se queixar ao Criador, que escutou por uma, duas horas as suas reclamações. Entre uma queixa e outra, o Criador comentava:
> – Você é uma árvore bonita. Eu gosto muito de você. Me deixe ir, pois preciso continuar o meu trabalho.
> [...]
> II. – Não me amole mais! Não encha mais a minha paciência. Pare de dizer que na sua vida falta isso e aquilo. E cale-se agora.

a) O que podemos reconhecer sobre as características do Criador no trecho I?
b) E no trecho II, como o Criador se mostra?

4. O baobá é a outra figura do mito. Releia este trecho e observe as partes destacadas.

> O baobá se olhava, então, naquele espelho-d'água. **Ele se olhava, se olhava e dizia insatisfeito:**
> – Por que não sou como aquela outra árvore?
> **Ora achava que poderia ter os cabelos mais floridos, as folhas, talvez, um pouco maiores.**

a) Que características do baobá podemos reconhecer nessas ações?
b) Como essas características diferenciam esse baobá de outras árvores?

5. As ações dos dois personagens, descritas nas atividades 3 e 4, são importantes para o desenvolvimento do mito. Por quê?

6. Segundo o mito, por que o baobá existe em toda a África?

7. Como você viu, na seção **Antes de ler**, um mito pode explicar o surgimento do mundo, fenômenos da natureza, a criação dos homens, dos animais, das plantas e até comportamentos humanos.
a) O que o mito lido explica?
b) Além de explicar algo, esse mito também critica algumas atitudes. Quais?

8. O mito é uma narrativa. Releia o início e observe como a história é narrada.

> Nos primórdios da vida, o Criador fez surgir tudo no mundo. Ele criou primeiro o baobá, e só depois continuou a fazer tudo existir.

   a) Esse mito é narrado em 1ª ou 3ª pessoa? Justifique com expressões desse trecho.
   b) Que elementos gramaticais revelam esse narrador em 1ª ou 3ª pessoa?

9. Responda às questões a seguir sobre os outros elementos da narrativa.
   a) No início tudo está em equilíbrio, com o Criador criando o mundo. Que complicação (situação de conflito) rompe esse equilíbrio?
   b) Quem resolve esse conflito e como?
   c) Depois da resolução do conflito, tudo voltou a ser como antes ou houve uma modificação?
   d) Os fatos são narrados na ordem em que acontecem ou há quebras nessa ordem?

10. Você conheceu, na seção **Aqui tem mais**, várias informações sobre o baobá. Por que será que os africanos de antigamente criaram um mito sobre essa árvore?

11. Releia o último parágrafo do mito. Como você interpreta a última frase?

Linguagem

1. Releia os trechos retirados do texto e observe as repetições de palavras.

> I. [...] o Criador foi ficando irritado, irritado, mas muito irritado [...].
> II. [...] Ele se olhava, se olhava e dizia insatisfeito:
> III. [...] Continuava e continuava, e continuava sempre a implorar melhorias.

   a) Que efeito a repetição de palavras provoca no texto?
   b) Em qual dos trechos a repetição dá ideia de gradação?
   c) No decorrer do mito, a palavra Criador é sempre escrita com letra maiúscula. Por que isso acontece?

2. Em vários momentos do mito, o baobá é personificado, isto é, tem ações e características humanas. O que é possível saber sobre o personagem com o uso da personificação?

   a) Que ações e sentimentos humanos são atribuídos à árvore?
   b) Essa opção do narrador do mito foi importante para o desenvolvimento do texto? Justifique.

> Até hoje dizem que os galhos do baobá, voltados para o alto, parecem braços que continuam a se queixar e a implorar melhorias para o Criador.

3. Releia o início do parágrafo final do mito.
   a) Que verbo reforça a origem dos mitos na tradição oral?
   b) Quem seriam os responsáveis pela ação expressa por esse verbo?

15

 **ESTUDO DA LÍNGUA**

Qualificadores e determinantes do substantivo

1. Releia um trecho do texto.

– Você é uma árvore **bonita**. Eu gosto muito de você. Me deixe ir, pois preciso continuar o meu trabalho.

Mas o baobá mostrava outra planta e perguntava: Por que suas flores não eram assim tão cheirosas? E sua casca? Parecia mais a pele enrugada de uma tartaruga. E o Criador insistia:

– Me deixe ir, você para mim é perfeito. Foi o primeiro a ser criado e, por isso, tem o que há de melhor em toda a criação.

a) Que sentimentos o baobá tinha em relação às outras plantas? Por quê?
b) Que palavras ou expressões do texto indicam esses sentimentos?
c) No trecho "a pele enrugada de uma tartaruga", qual é o núcleo desse grupo de palavras?
d) A que classe gramatical pertence o núcleo dessa expressão?
e) Qual é a função da palavra *enrugada* nesse grupo de palavras?
f) Releia a palavra destacada no primeiro parágrafo do texto. A que termo ela se refere?

No texto há palavras que se referem a um substantivo, e *caracterizam* um aspecto do personagem. Veja um exemplo.

Os adjetivos e locuções adjetivas qualificam o substantivo e acrescentam novos sentidos a ele.

Além do adjetivo e da locução adjetiva, outras classes de palavras acompanham o substantivo: artigos, pronomes e numerais. Essas palavras antecedem o **substantivo**, especificam e determinam seu gênero e número, entre outras características.

2. Releia.

[...] preciso continuar o **meu** trabalho.

a) A que termo a palavra destacada se refere?
b) Que sentido a palavra destacada acrescenta ao substantivo a que se refere?

3. Releia.

> [...] Por que suas flores não eram assim tão cheirosas?

a) Como fica essa frase se substituirmos a palavra **flores** por **frutos**?

b) Que alterações foram necessárias para que houvesse concordância entre o substantivo e as palavras que se referem a ele?

> **As palavras que acompanham os substantivos podem exercer a função de caracterizá-los ou especificá-los.** Adjetivos, pronomes e artigos concordam em gênero e número com o substantivo a que se referem.

ATIVIDADES

1. Leia o texto a seguir e descubra a importância do *griot* para as comunidades da África Ocidental.

> Antigamente, não existia escrita nos países **da África Ocidental**. Todos os fatos **marcantes**, a história **das pessoas**, a fundação das aldeias, o nome dos reis e de suas batalhas, tudo era memorizado e transmitido oralmente, de pai para filho, nas famílias de *griots*.
>
> Poeta, músico e contador de histórias, o *griot* era uma figura tão importante (temida, até!) que, quando morria, não podia ser enterrado num cemitério comum, pois acreditava-se que chamaria a seca. Com suas armas e suas joias ele era, então, sepultado no oco de um baobá, árvore gigante quase mágica, que, além da sombra e dos frutos, oferecia aos homens e aos animais a água da chuva armazenada no seu tronco. [...]
>
> Maté. *Contos do baobá:* 4 contos da África Ocidental. São Paulo: Global Editora. p. 4.

a) Por que o *griot* é uma figura importante para a comunidade?

b) Qual é a relação entre o baobá e a seca dos lugares onde há essa árvore?

c) No trecho "árvore gigante quase mágica", qual é o núcleo desse grupo de palavras?

d) A que classe gramatical pertence o núcleo dessa expressão?

e) Qual é a função das palavras que acompanham o núcleo desse grupo de palavras?

f) A que palavras os termos destacados no primeiro parágrafo se referem?

2. Leia um texto que explica a criação de seres mitológicos africanos.

O sopro sagrado de Olorum

Quando Olorum, o senhor ●, fez o Universo com o seu hálito ●, criou junto um punhado de seres imateriais com a finalidade de povoá-lo. ● seres, os orixás, foram dotados de poderes ●, como o domínio sobre o fogo, a água, a terra, o ar, ● animais e ● plantas e também o masculino e o feminino.
[...]

Mojubá. Disponível em: <http://antigo.acordacultura.org.br/mojuba/orixa/o-sopro-sagrado-de-olorum-0>. Acesso em: 18 jan. 2019.

a) No caderno, substitua os ● do texto pelos qualificadores e determinantes do substantivo do quadro abaixo. Lembre-se: os adjetivos, artigos, pronomes e numerais concordam em gênero e número com o substantivo a que se referem.

| os | estes | do infinito | as | sagrado | fantásticos |

b) É possível compreender a informação do texto sem os determinantes que foram retirados?

c) Que tipo de informação os qualificadores dos substantivos que foram retirados acrescentam ao texto?

3. Leia o trecho de uma notícia.

Cantoria de sabiá-laranjeira na madrugada divide ouvidos paulistanos

[...]

Diz uma antiga lenda indígena que, durante as madrugadas, no início da primavera, quando uma criança ouve o canto de um sabiá-laranjeira, ela é abençoada com amor, felicidade e paz.

Isso lá na floresta. Na selva urbana, a história é outra: tem gente se revirando na cama com a sinfonia que chega a durar duas horas seguidas antes mesmo de clarear o dia.

[...]

Por volta das três da matina começa a sinfonia. O cantante é o sabiá-laranjeira, ave-símbolo do Brasil e do Estado de São Paulo, que vive no campo e na cidade.

Por causa do insistente gorjeio, "posts" vêm pipocando nas redes sociais, reivindicando o silêncio dos passarinhos em prol do sono.

[...]

Disponível em: <www1.folha.uol.com.br/cotidiano/2013/09/1342434-cantoria-de-sabia-laranjeira-na-madrugada-divide-ouvidos-paulistanos.shtml>. Acesso em: 22 jan. 2019.

↑ Sabiá-laranjeira, em Pomerode, Santa Catarina (2008).

a) Por que o fato de um passarinho cantar foi registrado em uma notícia?

b) Que adjetivos podem ser acrescentados ao substantivo **canto** para caracterizar a visão dos moradores da floresta e os da cidade sobre o sabiá-laranjeira?

c) Identifique os qualificadores (adjetivos e locuções adjetivas) e os determinantes (artigos) relacionados aos substantivos a seguir.

- canto
- ouvidos
- lenda
- silêncio

d) Que sentidos essas palavras acrescentam aos substantivos?

e) A que classe gramatical pertencem essas palavras?

CAPÍTULO 2

Neste capítulo, você vai ler mais um mito africano e assistir a uma animação sobre a criação das ondas. Pesquisará mitos, participará de uma contação de histórias e estudará o emprego das letras **g** e **j**.

LEITURA

Você vai ler a seguir outro mito de origem africana, recontado por um pesquisador da cultura afro-brasileira e publicado no livro *Oxumarê, o Arco-Íris*.

1. Você conhece alguma história ou mito que explique a origem do arco-íris? Conte aos colegas.

2. Leia a versão do sociólogo Reginaldo Prandi. Será que é parecida com outras versões? Confira.

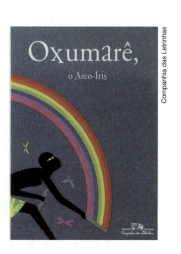

O dia em que o Arco-Íris estancou a chuva

Quando havia escravidão em nosso país,
milhares de africanos que pertenciam aos povos iorubás
foram caçados e trazidos ao Brasil para trabalhar como escravos.
Assim como outros africanos aqui escravizados,
os iorubás, que também são chamados nagôs, trouxeram
seus costumes, suas tradições, seus deuses, os orixás.
E, até hoje, muitas dessas tradições dos antigos nagôs estão vivas,
tanto no Brasil como na própria África.
Fazem parte delas as histórias de Ifá.

Ifá, o Adivinho, aquele que conhece todas as histórias
já acontecidas e as que ainda vão acontecer,
conta que na antiga África negra, em tempos imemoriais,
vivia a mais velha das mulheres, a mais antiga de todas.
Ela era tão arcaica que até ajudou Oxalá a criar a humanidade,
emprestando-lhe a lama do fundo do lago onde ela vive
para que ele moldasse o primeiro ser humano.
[...] Nanã era seu nome.
Teve dois filhos, um muito bonito, o outro feio.
O filho feio é conhecido pelo nome de Omulu,
o outro, o belo, nós o chamamos de Oxumarê.

O príncipe Oxumarê usava roupas vistosas
tingidas de todas as cores,
que realçavam ainda mais sua beleza
e o faziam invejado por todos.
Onde quer que ele fosse, era sempre admirado
por sua formosura e pelo luxo de seus trajes.
Esse gosto pelas roupas alegres herdara do pai,
conhecido como o homem da capa multicolorida.
Contam muitas histórias sobre Oxumarê
e dizem que ele costuma aparecer ora na forma de uma cobra,
ora como o próprio arco-íris enfeitando o céu.

Pois bem, dizem que houve um tempo
em que a Terra foi quase destruída pela Chuva.
Chovia o tempo todo, o solo ficou todo encharcado,
os rios pularam fora de seus leitos, de tanta água.
As plantas e os animais morriam afogados,
a umidade e o mofo se alastravam por todos os lugares,
a doença e a morte prosperavam.
A chuva é benfazeja, mas não pode durar para sempre,
sabia muito bem Oxumarê.
Então, o jovem filho de Nanã,
que nunca tinha tido simpatia pela Chuva,
apontou seu punhal de bronze para o alto
e com ele fez um grande corte em arco no céu,
ferindo a Chuva e interrompendo sua ação.
A Chuva parou de cair e alagar tudo aqui embaixo,
e o Sol pôde brilhar de novo, refazendo a vida.
Desde então, quando chove em demasia,
Oxumarê risca o céu com seu punhal de bronze
para estancar as águas que caem das alturas.
Quando isso acontece,
todos podem ver o belo príncipe no céu
vestido com suas roupas multicoloridas.
Todos podem vê-lo na forma do arco-íris.
Na língua africana de Oxumarê, aliás,
seu nome quer dizer exatamente isso: o Arco-Íris.
Quando não está chovendo,
Oxumarê vive na Terra.
[...]

Dizem também que foi por causa de sua formosura
que Oxumarê acabou transformado numa cobra.
Tudo porque Xangô, o Trovão, rei da cidade de Oió,
encantou-se com as cores do Arco-Íris.

Pedro Rafael

Para poder admirar Oxumarê quando bem quisesse,
Xangô planejou aprisioná-lo para sempre.
O rei Trovão chamou Oxumarê em seu palácio
e, quando o jovem príncipe entrou na sala do trono,
os soldados do rei fecharam todas as portas e janelas.
O príncipe das cores não podia fugir de Xangô,
estava encurralado, preso,
impedido de subir ao firmamento.

Oxumarê ficou desesperado.
Quem estancaria a Chuva, se ele permanecesse preso?
Quem salvaria a humanidade da fúria das águas?
Quem impediria as enchentes,
as enxurradas destruidoras,
as avalanches de terra encharcada?
Quem frearia a destruição das colheitas
por excesso de água?
Quem livraria o homem da fome, da morte?

Oxumarê, o Arco-Íris, implorou a Olorum.
Olorum, o Senhor Supremo, ouviu o prisioneiro
e, com pena dele, transformou-o numa cobra.
A cobra então deslizou pelo chão da sala do palácio
e, com facilidade, escapou pela fresta sob a porta.
Ficou livre para sempre.

Por isso Oxumarê vive no firmamento
e vive no solo.
Vive no Céu e na Terra.
Ele é ambíguo, é misterioso.
Temos medo quando o vemos rastejar
pelo chão feito um réptil asqueroso,
e nos encantamos com suas cores luxuosas
esparramadas em arco no horizonte.
Ele é o príncipe-serpente,
a cobra que rasga o céu.
É o Senhor do Arco-Íris.

> **GLOSSÁRIO**
>
> **Arcaica:** antiga, referente a épocas passadas.
> **Benfazeja:** benéfica, favorável, que traz bons resultados.
> **Imemorial:** de que não resta memória devido a sua antiguidade.

Ilustração: Pedro Rafael

Reginaldo Prandi. *Oxumarê, o Arco-Íris*. São Paulo: Companhia das Letrinhas. 2004. p. 9-11.

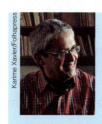

Karime Xavier/Folhapress

Reginaldo Prandi (1946-) é paulista da cidade de Potirendaba. É sociólogo e professor da Universidade de São Paulo (USP). É autor de mais de 30 livros, incluindo obras de Sociologia, mitologia, literatura infantojuvenil e ficção policial. Foi indicado quatro vezes ao Prêmio Jabuti. Recebeu em 2003, da Fundação Nacional do Livro Infantil e Juvenil (FNLIJ), o Prêmio Melhor Livro Reconto, por *Ifá, o Adivinho*, uma das obras que, junto com *Oxumarê, o Arco-Íris* e *Xangô, o Trovão*, compõem a trilogia Mitologia dos Orixás para crianças.

Apreciação

1. Se você conhecia outra história sobre a origem do arco-íris, essa que você leu é semelhante ou diferente dela? Em quê?

2. O que você sabe sobre o arco-íris? Já ouviu falar de Oxumarê?

3. Qual é sua opinião sobre a forma como a origem do arco-íris foi explicada neste mito?

Interpretação

1. Releia este trecho.

> Ifá, o Adivinho, aquele que conhece todas as histórias já acontecidas e as que ainda vão acontecer,
> conta que na antiga África negra, em tempos imemoriais, vivia a mais velha das mulheres, a mais antiga de todas.

a) Que expressões indicam o tempo e o lugar em que se passa a história?

b) A expressão de tempo indica um tempo determinado ou indeterminado?

2. Releia os dois primeiros parágrafos do mito. Copie no caderno a alternativa que melhor explica a função desses parágrafos.

a) A função dos parágrafos é mostrar como o mito que será contado é antigo.

b) Os parágrafos têm a função de explicar o mito que será contado.

c) A função dos parágrafos é explicar como as histórias de Ifá chegaram ao Brasil.

d) Os parágrafos têm a função de explicar ao leitor a origem do povo nagô.

3. Segundo o mito, quem conta essa história? E quem a recontou?

4. Sobre os personagens, copie no caderno as alternativas verdadeiras, de acordo com o texto.

a) Todos os personagens são orixás.

b) Oxumarê é humano e os outros são deuses.

c) Existe um deus supremo, Olorum.

d) Xangô é mais poderoso que Olorum.

5. O mito pode ser dividido em duas partes, cada uma delas conta uma história de Oxumarê.

a) O que explica a primeira história?

b) E a segunda história, o que explica?

6. Na primeira história, Oxumarê age sozinho para estancar a chuva.
   a) Como Oxumarê estancou a chuva?
   b) Por que, na segunda história, ele precisou da ajuda de Olorum?

7. Que características de Oxumarê são invejadas pelos outros?
   • Por que essas características são importantes para o desenvolvimento das histórias?

8. Releia este trecho em que há muitas perguntas.

> Oxumarê ficou desesperado.
> Quem estancaria a Chuva, se ele permanecesse preso?
> Quem salvaria a humanidade da fúria das águas?
> Quem impediria as enchentes,
> as enxurradas destruidoras,
> as avalanches de terra encharcada?
> Quem frearia a destruição das colheitas
> por excesso de água?
> Quem livraria o homem da fome, da morte?

a) Quem faz todas essas perguntas?
b) Que sentimentos essas perguntas refletem?
c) Espera-se que essas perguntas sejam respondidas? Por quê?

Linguagem

1. Releia este trecho do mito e observe as palavras destacadas.

> Por isso, Oxumarê vive no firmamento
> e vive no solo.
> Vive no **Céu** e na **Terra**.
> Ele é ambíguo, é misterioso.
> Temos medo quando o vemos rastejar
> pelo chão feito um réptil asqueroso,
> e nos encantamos com suas cores luxuosas
> esparramadas em arco no horizonte. [...]

a) Que ideia essas palavras expressam?
b) Que outras palavras nesse trecho expressam a mesma ideia que você identificou?

2. Esses conjuntos de palavras constituem uma figura de linguagem denominada **antítese**.
   • Qual é a relação entre esses conjuntos de palavras e a frase "Ele é ambíguo, é misterioso."?

O QUE APRENDEMOS COM O ESTUDO DE MITO

- Os mitos são narrativas que pertencem a um povo e sua cultura.
- São originados na tradição oral de determinado povo e, só mais tarde, registrados em livros.
- A história se passa num tempo indeterminado, muito antigo.
- Nos **mitos**, a sequência de acontecimentos geralmente é narrada em **ordem cronológica**.
- Há um **narrador**, que conta a história em **3ª pessoa**.
- Os mitos são usados para explicar a origem das plantas, animais, fenômenos da natureza etc.

AQUI TEM MAIS

Mitos indígenas

Os mitos indígenas, assim como os demais mitos, buscam explicar a origem do ser humano, do Universo e de todas as coisas.

Os indígenas não são um único povo, com as mesmas crenças e mitos: há diversas etnias, cada uma com características culturais próprias.

Veja a seguir de que forma o mito de como o ser humano dominou o fogo é contado por algumas delas.

Os **ticunas**, a mais numerosa etnia indígena na Amazônia brasileira, contam que uma idosa costumava cozinhar mandioca com o fogo que saía do bico de um pássaro chamado curiango. Todos adoravam o que ela preparava e, sempre que era questionada sobre o método, dizia que usava apenas a luz do sol para o cozimento. O pássaro, bravo com a mentira da senhora, começou a rir, e os homens viram o fogo que se desprendia de seu bico. Eles, então, pegaram à força o fogo do curiango.

Os **kaiapós**, etnia indígena da região do Planalto Central do Brasil, contam que um homem havia ficado preso no topo de uma rocha ao pegar ovos de uma arara. Durante esse tempo, o homem foi alimentado pelas onças com carne assada, até que uma delas tentou devorá-lo, mas ele a matou e fugiu contando a todos que havia carne assada com as onças. Os homens, então, organizaram uma expedição e roubaram o fogo das onças.

Os **tembés**, etnia que vive nos estados do Pará e Maranhão, contam que muito tempo atrás os urubus eram os donos do fogo. Certa vez, quando encontraram um resto de caça cheio de vermes, retiraram as próprias penas e apareceram como humanos. Eles decidiram, então, cozinhar aqueles vermes. Os homens, que observavam tudo, conseguiram pegar o fogo que estava com os urubus.

Os **katukinas**, etnia que vive nos estados do Acre e Amazonas, contam que um periquito deu o fogo aos humanos após ele e uma coruja o terem roubado da onça. Eles fizeram isso porque a onça não cumpriu uma promessa que lhes fizera: se cuidassem do fogo para que ela fosse à caça, em troca eles receberiam um pouco do que ela caçasse.

Assim como na mitologia africana, há um panteão indígena que comumente aparece nos mitos, cujos deuses variam segundo a etnia. Conheça alguns da mitologia tupi.

GLOSSÁRIO

Mitologia tupi: conjunto de mitos criados pelos povos indígenas pertencentes ao tronco linguístico tupi. Sabe-se que até hoje esses mitos estão presentes na tradição de algumas etnias indígenas. As etnias tupis influenciaram nossa cultura, desde a formação do português brasileiro até os famosos personagens de nosso folclore.

Panteão: nome que se dá a um conjunto de deuses de determinada religião ou crença. Os panteões também são monumentos que servem para cultuar os deuses ou guardar os restos mortais de pessoas importantes.

Tupã: considerado o maior de todos os deuses, é conhecido como o deus do trovão. Os tupis acreditam que é possível ouvir a voz dele durante as tempestades. Há versões que dizem que Tupã era apenas o trovão, a mensagem do deus supremo Nhanderuvuçu.

Jaci: é a deusa da Lua, grande protetora da noite e dos homens. Ela é a esposa de Tupã.

Guaraci: é a deusa do Sol, responsável pela criação de todos os seres vivos que habitam o planeta.

Fontes: Mitos. Mirim: povos indígenas do Brasil. Disponível em: <http://pibmirim.socioambiental.org/como-vivem/mitos>; Bete Mindlin. O fogo e as chamas dos mitos. *Estudos Avançados*, v. 16, n. 44, jan.-abr. 2002. Disponível em: <www.scielo.br/scielo.php?script=sci_arttext&pid=S0103-40142002000100009>. Acessos em: 17 fev. 2019.

1. Você encontrou semelhanças entre as diferentes versões do mito que conta como os seres humanos conseguiram o fogo?
2. Em sua opinião, qual é a importância de conhecer os mitos indígenas?
3. Você conhece outro mito que conta a origem do fogo? Como o conheceu?

ENTRELAÇANDO LINGUAGENS

Você leu dois mitos da cultura afro-brasileira. Agora, convidamos você para assistir a um filme produzido pela Animafro, com a técnica de animação quadro a quadro (*stop motion*). Ele faz parte de um conjunto de produções que celebram a cultura afro-brasileira.

Conheça a animação e observe todos os detalhes de sua criação (disponível em: <http://raiz.art.br/projeto-animafro-lanca-sua-primeira-animacao-iemanja-a-criacao-das-ondas/>; acesso em: 2 maio de 2019).

↑ Cena da animação *Iemanjá Yemojá*: a criação das ondas.

Após assistir ao filme, responda às questões.

1. Quais são suas impressões sobre a forma como a animação foi produzida? Gostou dela? Por quê?

2. A animação apresenta mais de um mito de criação.
   a) O que o mito apresentado no início da animação explica?
   b) Por que o povo Iorubá criou vários mitos?

3. Por que Iemanjá (Yemojá) criou as ondas?

4. Esse mito apresenta um tema atual. De que forma essa atualidade é demonstrada pela animação?

5. Você conhece a técnica de produção quadro a quadro (*stop motion*)? Se ainda não conhece, pesquise informações sobre essa forma de fazer um filme ou animação.

Preposição

1. Leia a tirinha.

a) Como são representados os pais de Armandinho na tirinha?

b) Por que eles foram representados desse modo?

c) O que a mãe de Armandinho pediu a ele?

d) Armandinho entendeu a fala de sua mãe?

e) O que Armandinho entendeu da fala da mãe?

f) Por que Armandinho deu um sentido diferente à fala da mãe?

g) Releia a frase a seguir.

> Fala **com** seu pai!

- Que sentido a palavra destacada tem nessa fala?

h) Existem termos que estabelecem relação entre as palavras. Na fala da mãe, essa função é exercida pela palavra **com**.

- Entre os termos do quadro a seguir, qual poderia substituir a palavra **com**, na tirinha, de modo que a fala da mãe fosse mais clara para o filho? Justifique sua resposta.

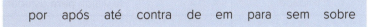

| por | após | até | contra | de | em | para | sem | sobre |

Observe a palavra **com** na fala da mãe de Armandinho.

> Fala **com** seu pai!

Ela tem a função de relacionar dois termos (**fala**, **pai**).

> Os termos usados na língua portuguesa para estabelecer relações entre palavras são denominados **preposições**.

As preposições podem ser classificadas em **essenciais** e **acidentais**.

Armandinho, de Alexandre Beck

> **Preposições essenciais**: palavras que atuam exclusivamente como preposições. Exemplos: a, ante, perante, após, até, com, contra, de, desde, em, entre, para, por, sem, sob, sobre, trás.
>
> **Preposições acidentais**: palavras de outras classes gramaticais que podem atuar como preposições. Exemplos: como, durante, exceto, fora, mediante, salvo, segundo.

De acordo com o contexto, as preposições estabelecem relações semânticas entre as palavras. Observe os exemplos a seguir.

- O menino queria comer doce **de** chocolate. (**de** indica a matéria de que é feito o doce)
- Armandinho perguntou **sobre** o trabalho do pai. (**sobre** indica o assunto)
- O menino estava **em** casa. (**em** indica lugar)

Veja o quadro com outros sentidos das preposições.

Preposição	Sentidos	Exemplos
a	destino	Iremos **a** Paris no próximo ano.
a	meio	Viajamos **a** pé.
com	companhia	Viajamos **com** nossos amigos.
com	modo	Preparou-se para a prova **com** calma.
com	instrumento	Cortou a fita **com** a tesoura.
de	assunto	Falaram **de** você.
de	matéria	Ele comprou o bolo **de** chocolate.
de	posse	O carro **de** João está na oficina.
em	lugar	Estamos **em** casa.
em	tempo	O filme vai começar **em** duas horas.
em	modo	O país vive **em** paz.
para	finalidade	Ele viajou **para** estudar francês.
para	destino	Viajou **para** a França.
por	meio	Os amigos conversam **por** internet.
por	lugar	Eles viajaram **por** muitos países.
por	finalidade	Eles lutam **por** melhorias na educação.

> Quando duas ou mais palavras juntas têm valor de preposição, elas são denominadas **locução prepositiva**. Exemplos: ao lado de, antes de, além de, com respeito a, em cima de, em redor de, em vez de, longe de.

Combinação e contração

A junção de uma preposição com outra palavra pode ocorrer por meio de dois processos.

> **Combinação**: quando a preposição não sofre alteração. Exemplos:
> preposição **a** + artigos definidos **o**, **os**: **ao**, **aos**
> preposição **a** + advérbio **onde**: **aonde**
> **Contração**: quando a preposição sofre alteração. Exemplos:
> preposição **de** + artigos definidos **o**, **a**, **os**, **as**: **do**, **da**, **dos**, **das**

Conjunção

Leia a tirinha.

1. Qual era o dever de Calvin?

2. Ele fez o que a professora havia pedido?

3. Analise novamente o último quadrinho.

- Como a tira provoca humor?

4. Observe a fala de Calvin no segundo quadrinho. Identifique os verbos do período.

5. Quantas orações há na fala de Calvin no segundo quadrinho?

6. Releia: "Eu tentei, mas a editora do livro não usou um bom fixador...". A palavra **mas** relaciona as orações do período. Que sentido ela expressa?

> Os termos que ligam orações e estabelecem sentido para elas são denominados conjunções. As conjunções podem ser: **coordenativas** ou **subordinativas**.

Conjunções coordenativas

Tipo	Significado	Exemplo
Aditiva	ideia de soma, adição (e, nem, não só... mas também)	As letras caíram da página e ficaram espalhadas no chão.
Adversativa	ideia de oposição, contraste (mas, porém, todavia, contudo, no entanto)	Calvin tentou dar uma desculpa, mas a professora não acreditou.
Alternativa	ideia de alternância (ou; ou... ou; ora..., ora; quer... quer)	Ou Calvin faz a lição ou vai voltar para a sala do diretor.
Conclusiva	ideia de conclusão de um pensamento (logo, portanto, por isso, pois [após o verbo])	Calvin não fez a lição, por isso foi mandado para a diretoria.
Explicativa	ideia de explicação, razão, motivo (porque, que, pois [antes do verbo])	Calvin inventou uma desculpa, porque não fez a lição.

Conjunções subordinativas

Tipo	Significado	Exemplo
Causal	exprimem causa, razão (porque, que, pois, visto que, já que, uma vez que)	Já que Calvin não fez a lição, resolveu inventar uma desculpa.
Comparativa	ideia de comparação (como, mais que, pior que, melhor que...)	As desculpas de Calvin são mais elaboradas que as de outros alunos da escola.
Consecutiva	ideia de consequência (tão... que, tanto... que, tamanho... que, tal... que)	Ele mentiu tanto que ninguém mais acredita em suas desculpas.
Temporal	ideia de tempo (quando, mal, logo que, sempre que, assim que)	Quando Calvin pegou o livro, as letras começaram a cair.
Final	ideia de finalidade (a fim de que, para que)	Calvin inventou uma desculpa para que não fosse repreendido pela professora.
Proporcional	ideia de proporção (a proporção que, à medida que, quanto mais, quanto menos...)	Quanto mais Calvin inventava desculpas, menos a professora acreditava nele.
Condicional	ideia de condição (se, caso, desde que, contanto que)	Se Calvin fizesse a lição, não precisaria inventar desculpas.
Conformativa	ideia de concordância, conformidade (segundo, conforme, como)	Calvin deveria fazer a lição, conforme a professora pediu.
Concessiva	ideia de concessão (embora, se bem que, mesmo que, ainda que, conquanto)	Embora Calvin tenha inventado uma desculpa, não conseguiu convencer ninguém.
Integrante	introduz orações subordinadas substantivas (que, se)	A professora perguntou se Calvin tinha lido o livro.

ATIVIDADES

1. Leia o poema.

Segredo

Andorinha **no** fio
escutou um segredo.
Foi **à** torre **da** igreja,
cochichou **com** o sino.
E o sino bem alto:
delém-dem
delém-dem
delém-dem
dem-dem!
Toda a cidade
ficou sabendo.

Henriqueta Lisboa. Disponível em: <www.antoniomiranda.com.br/poesia_infantil/henriqueta_lisboa.html>. Acesso em: 17 fev. 2019.

a) No poema, é usada uma onomatopeia: **delém-dem**. O que ela representa?

b) Observe as preposições destacadas no texto. Elas expressam diferentes sentidos. Identifique o significado que cada preposição cria na relação entre as palavras.

c) O termo **e** no verso "E o sino bem alto" exerce a função de conjunção no poema. Que sentido ele acrescenta ao texto? Classifique o tipo de conjunção.

2. Leia a tirinha.

a) Qual é a opinião de Haroldo sobre o cereal de seu amigo?

b) Como a opinião de Haroldo está expressa no quadrinho?

c) Releia as expressões a seguir e identifique o sentido que as preposições estabelecem entre as palavras.

- Bombas de chocolate.
- Doce sem gosto.
- Colher de açúcar.
- Bomba com glacê.

31

3. Leia a seguir o trecho de uma crônica.

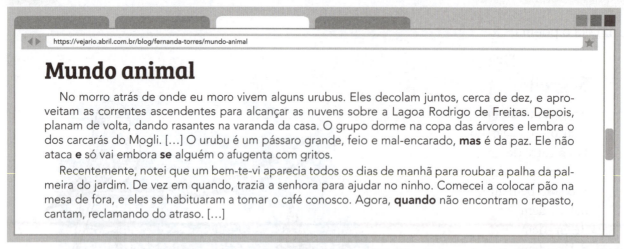

Mundo animal

No morro atrás de onde eu moro vivem alguns urubus. Eles decolam juntos, cerca de dez, e aproveitam as correntes ascendentes para alcançar as nuvens sobre a Lagoa Rodrigo de Freitas. Depois, planam de volta, dando rasantes na varanda da casa. O grupo dorme na copa das árvores e lembra o dos carcarás do Mogli. [...] O urubu é um pássaro grande, feio e mal-encarado, **mas** é da paz. Ele não ataca **e** só vai embora **se** alguém o afugenta com gritos.

Recentemente, notei que um bem-te-vi aparecia todos os dias de manhã para roubar a palha da palmeira do jardim. De vez em quando, trazia a senhora para ajudar no ninho. Comecei a colocar pão na mesa de fora, e eles se habituaram a tomar o café conosco. Agora, **quando** não encontram o repasto, cantam, reclamando do atraso. [...]

Fernanda Torres. Mundo animal. *Veja Rio*, 2 nov. 2012. Disponível em: <https://vejario.abril.com.br/blog/fernanda-torres/mundo-animal>. Acesso em: 5 fev. 2019.

a) Quais são as características do urubu?

b) A cronista apresenta o pássaro de modo positivo ou negativo? Justifique sua resposta com um exemplo do texto.

c) Observe os termos destacados na crônica. Classifique-os.

d) Que sentidos os termos destacados acrescentam ao texto?

4. Leia um trecho da seguinte reportagem.

Escola Verde: a escola de bambu da Indonésia

Os designers e ambientalistas John Hardy e Cynthia Hardy criaram uma escola feita ▲ bambu ▲ Bali, ▲ Indonésia, para incentivar as comunidades vizinhas e até internacionais a viverem ▲ sustentabilidade. [...]

Todo o local é focado ▲ sustentabilidade. Fontes alternativas de geração ▲ energia, como painéis solares, gerador hidroelétrico e sistema de cozimento e serragem do bambu, são utilizadas ▲ reduzir a geração de carbono da construção.

A escola também ensina aos alunos de Bali e de outros países a se tornarem líderes em sustentabilidade, com o currículo baseado em ecologia, meio ambiente e em sustentabilidade e artes. [...]

Redação EcoD. Escola Verde: a escola de bambu da Indonésia. *EcoD*, 24 nov. 2010. Disponível em: <www.ecodesenvolvimento.org/noticias/escola-verde-a-escola-de-bambu-da-indonesia#ixzz3Va2FsFf3>. Acesso em: 5 fev. 2019.

• Copie o texto no caderno e substitua ▲ pelas palavras do quadro a seguir. Algumas palavras podem ser usadas mais de uma vez.

| para | na | de | com | em |

Contação de mitos

Que tal pesquisar um mito indígena, africano, grego ou de outra cultura e preparar uma contação de história aos amigos e familiares?

Com a ajuda do professor, defina uma data para a contação. Convide os amigos e familiares para o evento no dia marcado.

Para começar

1. Reúna-se com dois colegas para pesquisar um mito, de acordo com a orientação do professor.
2. Se a pesquisa for feita na internet, imprimam três cópias do texto, uma para cada componente do grupo. Lembrem-se: os *sites* devem ser confiáveis, de preferência educacionais.
3. Se o texto escolhido for de um livro, reveze-o com os colegas do grupo para que todos leiam o mito.

Organizar

1. Depois de concluir a pesquisa, leiam o texto completo para entendê-lo.
2. Se houver palavras que vocês não conhecem, tentem deduzir o sentido pelo contexto. Se não for possível, pesquisem os termos em um dicionário e vejam qual dos significados faz mais sentido no contexto.
3. Vocês separarão o texto em três partes, uma para cada integrante do grupo.
4. Leia, individualmente, sua parte do mito várias vezes para conhecer a trama e reconhecer as falas dos personagens, do narrador e definir os momentos em que haverá maior suspense.
5. Depois leia esse trecho para os colegas do grupo, e eles farão o mesmo.
6. Ao ler:
   - use um tom de voz que todos possam ouvir;
   - mude a entonação das falas de acordo com cada personagem, se houver.
7. Ensaie algumas vezes com os colegas para que tudo saia corretamente.
8. Decida, com a turma e o professor, a ordem em que os grupos contarão as histórias.
9. Defina com a turma e o professor uma data para a contação de história.
10. Convide amigos e familiares para o evento.

Apresentação

1. No dia da contação, se possível, organize com o resto da turma, antecipadamente, as carteiras ou cadeiras em círculo, para que os convidados tenham uma boa visão dos contadores.
2. Se possível, espalhe pelo chão almofadas para as crianças e os jovens.
3. No início da narrativa, um de vocês deve apresentar o título da lenda ou mito e sua origem.
4. Cada integrante do grupo deve contar uma parte do mito, seguindo o que foi definido e ensaiado.

Importante: o grupo não deve se caracterizar (se vestir ou se pintar) como indígena, pois essa não é uma atitude respeitosa com esses povos.

Emprego das letras g e j

1. A língua portuguesa é formada por palavras que têm diferentes origens. No quadro abaixo há palavras de origem africana e indígena.

acara ▲ é   ▲ iló   ▲ iboia   ▲ enipapo   ▲ equitibá   can ▲ ica

a) Leia as palavras do quadro em voz alta e responda: Que letra completa de modo adequado essas palavras, **g** ou **j**?

b) Relacione as palavras do quadro aos grupos a seguir.

animal   comida   fruta   árvore

c) O que você pode observar, em relação ao uso das letras **g** e **j**, nas palavras de origem africana e indígena?

As letras **g** e **j**, quando seguidas pelas vogais **e/i**, representam o mesmo som.

> Conheça algumas regras do uso das letras **g** e **j**.
>
> **Letra g**
> - Substantivos terminados em -**agem**, -**igem**, -**ugem**. Exemplos: miragem, ferrugem, origem.
> - Palavras terminadas em -**ágio**, -**égio**, -**ígio**, -**ógio**, -**úgio**. Exemplos: contágio, privilégio, litígio, relógio, refúgio.
> - Palavras derivadas de outras escritas com **g**. Exemplos: gentil, gentileza.
>
> **Letra j**
> - Nas formas verbais terminadas em -**jar**. Exemplos: viajar, arranjar.
> - Nas palavras de origem tupi e africana. Exemplos: pajé, canjica.
> - Palavras derivadas de outras escritas com **j**. Exemplo: laranja, laranjeira.

ATIVIDADES

1. Copie o quadro a seguir no caderno e complete-o com as palavras que seu professor lerá. Assim você descobrirá palavras da língua tupinambá que foram incorporadas ao vocabulário do português falado no Brasil.

Palavras em tupinambá usadas para nomear animais e plantas	
Répteis	
Frutas	

Fonte: <https://mirim.org/de/node/18166>. Acesso em: 22 jan. 2019.

2. No caderno, complete as duplas de palavras com as letras **j** ou **g**. Lembre-se de que as palavras derivadas mantêm a mesma letra.
   a) lo▲a, lo▲ista
   b) laran▲inha, laran▲eira
   c) ori▲em, ori▲inal
   d) ▲eito, ▲eitoso

3. Leia as palavras do quadro.

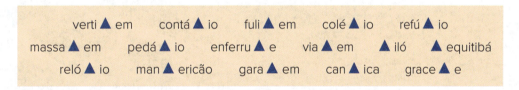

   a) Complete as palavras do quadro com as letras **g** ou **j** no caderno.
   b) Justifique o uso das letras **g** e **j** nas palavras do quadro.

DICAS

▶ ACESSE

Mirim – Povos indígenas no Brasil – Mitos: <https://mirim.org/como-vivem/mitos>. Neste *site* você pode conhecer alguns mitos de diferentes culturas indígenas brasileiras e perceber diferenças e semelhanças entre mitos indígenas e gregos.

MultiRio – A mídia educativa da cidade: <www.multirio.rj.gov.br/index.php/interaja/multiclube>. No *site* há *podcasts*, dicas de *games*, vídeos, experimentos e outros assuntos de interesse de crianças e adolescentes. Basta escolher a faixa etária, interagir e se divertir.

Diz a lenda: <www.multirio.rj.gov.br/index.php/interaja/multiclube/9a11/diz-a-lenda/>. O escritor Luiz Eduardo Ricon reconta mitos gregos e lendas brasileiras. Os textos são acompanhados de belas ilustrações.

▶ ASSISTA

Mitopédia. Uma série de animação com histórias mitológicas que deram origem a expressões corriqueiras do dia a dia, utilizando referências atuais e linguagem bem-humorada. Disponível em: <www.futuraplay.org/serie/mitopedia/>. Acesso em: 22 jan. 2019.

▶ LEIA

Como surgiu: mitos indígenas brasileiros, de Daniel Munduruku (Callis). O autor apresenta alguns mitos de seu povo, os mundurucu.

A amizade eterna e outras vozes da África, de Ilan Brenman (Moderna). Contos de origem africana são narrados com humor, sabedoria e perspicácia.

35

UNIDADE 2

Registros de viagem

Trilha na Serra da Mantiqueira, no Parque Nacional de Itatiaia. Rio de Janeiro (RJ), 2017.

NESTA UNIDADE
VOCÊ VAI:

- conhecer características do gênero crônica de viagem;
- estudar os advérbios e sua função em textos;
- estudar recursos de coesão textual;
- escrever uma crônica de viagem.

1. Observe a imagem: a paisagem, a pessoa, o que ela carrega, a roupa que veste. O que a fotografia mostra?
2. Apenas com as informações da imagem é possível imaginar algumas situações pelas quais o viajante tenha passado? Quais?
3. Leia a legenda da fotografia. É um lugar que fica no Brasil. Você o conhece?
   Se o conhece, conte algo sobre ele.
4. Se não o conhece, o que você gostaria de saber desse lugar?

CAPÍTULO 1

Neste capítulo, você vai ler uma crônica de viagem e conhecer as características desse gênero textual. Além disso, vai estudar os advérbios e a função deles no texto.

ANTES DE LER

Há vários tipos de viagem: de lazer, de trabalho, de diversão... Em todas elas é possível conhecer um pouco da cultura de outras pessoas e lugares. Muitas pessoas registram suas viagens em imagens, vídeos e textos que são publicados nos mais diferentes meios.

↑ *Blog* de viagem.

↑ *Site* e caderno de turismo de jornal.

↑ Revista de turismo.

↑ Livros.

1. Você já leu algum desses livros, acessou algum desses *sites* ou leu alguma revista como essa?

2. Sabe o que é uma crônica de viagem?

3. Se não sabe, o que imagina que seja esse gênero textual?

 **LEITURA**

1. Você vai ler uma crônica de viagem escrita por Zeca Camargo. Você conhece esse jornalista?

2. Observe a imagem do *site* em que o texto foi publicado.
   a) Em que veículo a crônica foi publicada?
   b) Que aspectos da imagem o levaram a concluir isso?

3. O título da crônica é: "Sem lentes, explorei a natureza de Bonito sem a precisão do que via".
   a) Por que Bonito está com letra maiúscula?
   b) Em sua opinião, qual será o tema da crônica?
   c) Quem seria o responsável pela ação expressa na forma verbal **explorei**?
   d) O que significa a expressão "sem lentes"?

   Leia agora a crônica de viagem de Zeca Camargo. Será que suas hipóteses vão se concretizar?

Sem lentes, explorei a natureza de Bonito sem a precisão do que via

Um lugar deve ser realmente incrível quando você consegue apreciá-lo apesar de uma chuva intermitente, poucas horas de sono na noite anterior à visita e o fato de que suas lentes de contato ficaram esquecidas na pia do banheiro do hotel. Foi exatamente o que aconteceu comigo na semana passada, na minha primeira ida a Bonito, em Mato Grosso do Sul. Ah, mencionei que tenho oito graus de miopia?

39

Foi um exercício de aceitação, talvez o maior pelo qual eu já passei na minha vida de turista. Nunca havia estado em Bonito [...]. Assim, quando fui convidado recentemente para um evento por lá, aceitei entusiasmado.

14/12/2017 02h00

Acordei cedo para pegar um voo [...] que me levaria direto ao paraíso e... cheguei com chuva, mas como esse primeiro dia era de compromissos, não desanimei. Bonito, todos me asseguravam, era ainda mais incrível com a chuva. [...] Queria fazer uma "flutuação": boiar correnteza abaixo com um equipamento de *snorkel*. Mas o que eu conseguiria enxergar naquela água cristalina?

O dia livre amanheceu plúmbeo – e logo veio a chuva. Tomei um rápido café e entrei correndo no carro que me levaria à fazenda. Ainda meio atordoado de sono, levei uns 15 minutos para perceber que a paisagem lá fora carecia de contornos: eu havia esquecido de colocar minhas lentes de contato.

Eu mesmo não podia crer na minha estupidez. Este é um evento raro: minha miopia acentuada não permite que eu veja o mundo com nitidez, mas acostumei-me a enxergar tudo assim, especialmente nas primeiras horas do dia. Eu tinha um dilema: voltar para o hotel para colocar as lentes (e perder uma hora de passeio, se não ele inteiro) ou encarar tudo daquele jeito, meio embaçado.

[...]

Resolvi relaxar. E embaixo de um toró, entrei no Rio Baía Bonita e encarei a natureza esfumaçada. Só enxergava mesmo algum peixe quando ele se aproximava a menos de cinco centímetros dos meus olhos – felizmente algo que, devido ao respeito que se criou ali com a natureza, acontecia com frequência. Eles vinham, me olhavam de perto e me ignoravam. O resto das imagens era um borrão, mas longe de me decepcionar, elas me encantavam.

Sem a visão perfeita, eu abria meus outros sentidos para aproveitar aquilo. O cheiro de chuva, que é quase um clichê, ali tinha uma intensidade palpável. Os sons do gotejar incessante eram minha trilha sonora, e os pingos grossos que caíam nas minhas costas, uma suave massagem complementar.

Em vários momentos, eu era apenas um corpo flutuando sem rumo, solto, independente – e assumidamente feliz de estar tão integrado com a natureza.

Fiquei pouco menos de uma hora neste estado, e quando o guia me despertou desse torpor para fazer um salto de tirolesa foi como se tal ruptura fosse a de um parto violento. Eu relutava em sair daquele estado improvável de felicidade. Mesmo enxergando mal, tudo era bonito demais (sem trocadilhos) para terminar assim tão abruptamente.

Tão encantado eu estava com meu experimento que eu tinha dúvidas se queria mesmo colocar as lentes para o passeio da tarde – uma inevitável caverna. Mas eu tinha uma certeza: se eu já havia ficado encantado com Bonito desse jeito, imagina o dia que eu voltar para lá com sol... e uma visão perfeita!

> **GLOSSÁRIO**
>
> **Dilema:** escolha difícil (nesse contexto).
> **Plúmbeo:** da cor cinzenta do chumbo. Por extensão, nublado.
> ***Snorkel*:** tipo de tubo de plástico ou silicone que permite ao mergulhador renovar o ar embaixo da água.
> **Toró:** chuva muito forte.
> **Torpor:** ausência de atividade, inércia.

Zeca Camargo. Sem lentes, explorei a natureza de Bonito sem a precisão do que via. *Folha de S.Paulo*, 14 dez. 2017. Disponível em: <www1.folha.uol.com.br/colunas/zecacamargo//2017/12/1942980-sem-lentes-explorei-a-natureza-de-bonito-sem-a-precisao-do-que-via.shtml>. Acesso em: 9 set. 2018.

José Carlos Brito de Ávila Camargo (1963-), conhecido como Zeca Camargo, é jornalista, apresentador e autor de livros como *A fantástica volta ao mundo* e *1000 lugares fantásticos no Brasil*. Tem uma coluna em um jornal em que escreve sobre as cidades que visitou.

AQUI TEM MAIS

Bonito

O município brasileiro de Bonito está situado no estado de Mato Grosso do Sul, na região Centro-Oeste. É polo do ecoturismo, com paisagens naturais, rios de águas cristalinas, cachoeiras, grutas, cavernas. É a principal cidade que integra o complexo turístico do Parque Nacional da Serra da Bodoquena.

Fonte: *Atlas geográfico escolar*. 7. ed. Rio de Janeiro: IBGE, 2016. p. 90.

↑ Turista em rio cristalino na região da Serra da Bodoquena (2017).

↑ Cardume de piraputangas no Rio Olho-D'Água (2014).

ESTUDO DO TEXTO

Apreciação

1. Suas hipóteses com base no título do texto se confirmaram?

2. E sobre o *site* em que ele foi publicado?

3. Quais são suas primeiras impressões da forma pela qual o passeio é descrito na crônica?

4. Antes de ler, você elaborou uma hipótese sobre o título da crônica. Como explica esse título depois da leitura?

Interpretação

1. O texto que você leu foi publicado num caderno de turismo do jornal *Folha de S.Paulo* e no *site* do mesmo jornal.

   a) Quem são os possíveis leitores desse texto?

   b) Em sua opinião, que informações e textos podem interessar aos leitores que buscam um caderno ou *site* de turismo?

c) Qual seria a finalidade dessa crônica nesse caderno?

Copie as alternativas corretas no caderno.

  I. Vender um pacote de turismo para Bonito.
  II. Descrever as impressões sobre um passeio em Bonito.
  III. Apresentar um lugar e as dificuldades para um turista de visitá-lo embaixo de chuva e sem lentes de contato.
  IV. Mostrar como é a natureza no município de Bonito, na visão de um cronista.

2. Qual é a função do título da crônica?

3. Pelo título, como o autor viu a natureza? Justifique.

4. Logo abaixo do texto, há uma foto com o subtítulo "Bonito que só vendo".

Sobre a relação entre esse subtítulo e o título da crônica copie as alternativas verdadeiras no caderno.

a) O título se refere à impossibilidade de ver a natureza sem lentes.

b) No título, a palavra **Bonito** é o nome da cidade e, no subtítulo, é um adjetivo que caracteriza o que pode ser visto na cidade.

c) O autor só consegue ver a natureza de forma imprecisa porque está chovendo e o subtítulo confirma essa imprecisão.

d) O título e o subtítulo fazem uma oposição entre ver e não ver.

e) Tanto no título como no subtítulo a palavra **Bonito** se refere ao nome do município. Mas no subtítulo tem duplo sentido, já que também caracteriza o que pode ser visto.

5. O primeiro e o segundo parágrafos são a introdução da crônica. Logo no início, o autor afirma:

> "Um lugar deve ser realmente incrível quando você consegue apreciá-lo [...]".

a) Que situações mostradas no primeiro parágrafo apontam para as dificuldades de apreciar o lugar?

b) O que no texto "foi um exercício de aceitação"?

6. A partir do sexto parágrafo, o autor afirma: "Resolvi relaxar". Por que ele relaxou?

7. Sobre o passeio do autor, depois de ele "relaxar", responda:

a) Como o fundo do rio é visto?

b) Como o autor mostra que o passeio foi aproveitado?

c) Que opinião o autor expressa nesse parágrafo sobre o turismo em Bonito?

8. O autor expressa seus sentimentos e impressões em relação ao mergulho no rio. Releia.

> O resto das imagens era um borrão, mas longe de me decepcionar, elas me encantavam.
> Sem a visão perfeita, eu abria meus outros sentidos para aproveitar aquilo. O cheiro de chuva, que é quase um clichê, ali tinha uma intensidade palpável. Os sons do gotejar incessante eram minha trilha sonora, e os pingos grossos que caíam nas minhas costas, uma suave massagem complementar.

a) O passeio foi mostrado de forma positiva ou negativa?

b) Que elementos do trecho da crônica confirmam sua resposta?

9. Com base nas características da crônica, copie as alternativas verdadeiras no caderno.

   a) O texto é um relato de acontecimentos reais.

   b) O texto é uma narrativa de ficção, com fatos criados pelo autor.

   c) O texto é narrado por um narrador, criado pelo autor, em 3ª pessoa.

   d) O texto é um relato em primeira pessoa, por um personagem criado pelo autor.

   e) O texto é um relato em 1ª pessoa.

   f) O texto apresenta opinião ou impressões sobre um passeio em Bonito.

   g) O texto é isento de opinião e julgamento pessoal.

Linguagem

1. Releia este trecho da crônica e observe as metáforas (figura de linguagem em que há uma comparação implícita).

   > [...] Os sons do gotejar incessante eram minha trilha sonora, e os pingos grossos que caíam nas minhas costas, uma suave massagem complementar. [...]

   a) A que são comparados os sons dos pingos de chuva?

   b) O que há em comum entre esses dois elementos?

   c) O que há em comum entre os pingos da chuva e o elemento a que eles são comparados?

   d) A que sentidos essas metáforas se referem?

2. Que sentido o emprego das imagens dos pingos da chuva acrescenta à descrição do cronista?

   > Na crônica de viagem, foram usadas metáforas para expressar as impressões do cronista sobre o passeio que fez.
   >
   > A **comparação** e a **metáfora** são figuras de linguagem. Na comparação, dois seres, ideias ou acontecimentos são aproximados por um elemento de comparação.
   >
   > Na metáfora, ao contrário, a aproximação é direta, sem elemento comparativo.

3. Releia este outro trecho:

   > Mesmo enxergando mal, tudo era bonito demais (sem trocadilhos) para terminar assim tão abruptamente.

   a) O que é um trocadilho? Se não souber, pesquise.

   b) Ao escrever que tudo era "bonito demais" ocorreu um trocadilho. Explique o sentido da ideia apresentada no texto.

→ Rio Sucuri, uma das atrações de Bonito.

43

Advérbios

1. Leia o trecho de uma crônica e faça o que se pede.

www.cartacapital.com.br/cultura/viajando

Viajando

Somos uma família de viajantes, os cinco irmãos, **desde pequenininhos**. Meu pai nos acostumou assim. [...]

Viajamos **sempre de carro**. Viajar de avião custava caro e minha mãe tinha pavor. O que chamo de carro era um Land-Rover velhinho, desses com capota de lona e dois banquinhos de alumínio atrás. Viajamos tanto que o meu pai mandou fazer uma almofada sob encomenda para irmos mais **confortavelmente**.

Íamos **longe** naquele jipinho, mas o lugar que mais gostávamos de ir era a cidade de Cataguases, na Zona da Mata, onde o meu pai nasceu e o meu tio Izidro tocava o Grande Hotel Villas, herança dos meus avós, que existe até hoje.

[...]

Viajamos muito na nossa infância e tudo está registrado em fotos em preto e branco da Rolleiflex do meu pai, que ficava dependurada **no seu pescoço**, assim que entrávamos naquele jipe para mais uma aventura.

Alberto Villas. Viajando. *Carta Capital*, 27 abr. 2018. Disponível em: <www.cartacapital.com.br/cultura/viajando>.
Acesso em: 2 jun. 2018.

a) O cronista se lembra de um fato que foi marcante na infância dele. Por que isso foi importante para ele?

b) Observe as palavras destacadas no texto. Que tipo de informação elas acrescentam à crônica? Copie a alternativa correta.
- Indicam as qualidades do fato.
- Indicam as circunstâncias do fato.
- Nomeiam os fatos.

c) Por que as palavras destacadas são importantes para a compreensão das informações do texto?

d) Copie o quadro no caderno e complete-o com as palavras destacadas no texto, de acordo com os sentidos que elas expressam.

Tempo	Lugar	Modo

No texto, há palavras e expressões que indicam o tempo, o modo e o lugar em que ocorreram os fatos narrados na crônica.

> As palavras e expressões que indicam as circunstâncias em que ocorrem as ações expressas pelo verbo são denominadas **advérbios**.

2. Leia a frase: "Nós viajamos muito na nossa infância". Com base nela, faça o que se pede a seguir.

   a) A que termo da oração a palavra **muito** se refere?
   b) Que sentido a palavra **muito** acrescenta ao termo a que se refere?
   c) Complete as frases a seguir com a palavra **muito**.
   - Eu viajei ▲ na minha infância.
   - Ela viajou ▲ na sua infância.

Os advérbios são palavras invariáveis que não têm flexão de gênero e de número. Eles podem ser formados por uma palavra ("hoje", "ontem") ou por duas ou mais palavras, formando as locuções adverbiais ("com certeza", "de vez em quando").

Os advérbios têm um papel muito importante na construção dos sentidos do texto. Em alguns gêneros, eles são fundamentais para que o leitor compreenda as informações, por exemplo, em uma receita ou em um manual de instruções. Nesses gêneros, o leitor precisa saber o modo de fazer, onde preparar, o tempo de preparo. Em uma notícia, o leitor quer saber informações sobre o fato relatado no texto: onde ocorreu, quando, como etc.

Os advérbios são classificados de acordo com as circunstâncias que indicam. Veja no quadro outros tipos de advérbios.

Tipo	Exemplo	Outros advérbios
Modo	Eles viajavam **calmamente**.	bem, mal, depressa, devagar, rapidamente (e a maioria dos advérbios terminados em -**mente**).
Tempo	A família viajava **sempre**.	agora, hoje, tarde, de repente, de vez em quando, imediatamente.
Lugar	Nós entramos **no carro**.	aqui, ali, aí, lá, perto, acima, dentro, fora, à direita, na rua, do outro lado.
Intensidade	Viajamos **bastante**.	Pouco, suficiente, demais, mais, menos, tão.
Dúvida	**Talvez** ele viaje.	Talvez, provavelmente, possivelmente.
Negação	A mãe **não** gostava de avião.	Não, absolutamente, de jeito nenhum.
Afirmação	**Certamente**, ele adorava as viagens com a família.	Sim, certamente, seguramente.

ATIVIDADES

1. Releia um trecho da crônica de Zeca Camargo.

> Tomei um rápido café e entrei correndo no carro que me levaria à fazenda. [...], levei uns 15 minutos para perceber que a paisagem lá fora carecia de contornos: eu havia esquecido de colocar minhas lentes de contato.

   a) Identifique os advérbios e locuções adverbiais do trecho.
   b) Qual é a importância dos advérbios e locuções adverbiais para a compreensão do texto?
   c) Que circunstâncias cada um dos advérbios do texto indica sobre os fatos?

45

2. Imagine que você gostaria de visitar uma exposição sobre as viagens de Amyr Klink. O que você precisaria saber para visitá-la? Leia o texto.

Exposição itinerante sobre viagens de Amyr Klink aborda consumo consciente de água

[...]

A partir do dia 8 de setembro, estas e outras curiosidades das mais de 40 viagens oceânicas realizadas pelo velejador serão expostas **no Conjunto Nacional, em São Paulo**, na mostra fotográfica Linha d'Água, além de textos, de imagens e do barco usado na primeira expedição.

[...]

Equipe Akatu. Exposição itinerante sobre viagens de Amyr Klink aborda consumo consciente de água. *Instituto Akatu*. 8 set. 2014. Disponível em: <www.akatu.org.br/noticia/exposicao-itinerante-sobre-viagens-de-amyr-klink-aborda-consumo-consciente-de-agua/>. Acesso em: 9 set. 2018.

a) Qual é a finalidade do texto?

b) Observe os advérbios e locuções adverbiais destacados no texto. Que tipo de informação eles acrescentam ao texto? Justifique sua resposta com exemplos do texto.

c) Qual é a importância dos advérbios para o leitor que deseja visitar a exposição?

3. Escolha um evento que esteja acontecendo em sua cidade. Pode ser uma exposição, um filme, uma festa etc. Escreva uma dica sobre esse evento em um pequeno parágrafo para entregar a um colega de turma. Lembre-se da função dos advérbios para que o leitor saiba as circunstâncias do evento.

4. Os advérbios e locuções adverbiais têm um papel importante na construção dos sentidos. Leia o texto.

Nas nuvens da Amazônia

Bem no meio da Floresta Amazônica brasileira fica uma grande cidade: Manaus, a capital do Amazonas. Bastante urbanizada, a cidade emite poluentes no ar que podem prejudicar a floresta. Para tentar entender o impacto da capital na natureza, dois aviões sobrevoaram a região por cerca de 200 horas ao longo de 2014 e descobriram que a poluição modifica as nuvens e as chuvas da cidade e de seu entorno.

Nas nuvens da Amazônia. *Ciência Hoje das Crianças*, 9 fev. 2015. Disponível em: <http://chc.org.br/nas-nuvens-da-amazonia>. Acesso em: 1 jun. 2018.

a) Reescreva as frases do texto que apresentam advérbios e locuções adverbiais e identifique-os.

b) Classifique os advérbios e locuções adverbiais de acordo com as circunstâncias que eles indicam.

c) Qual é a importância dos advérbios e locuções adverbiais para a compreensão das informações do texto?

5. Leia o texto sobre a origem das Olímpiadas.

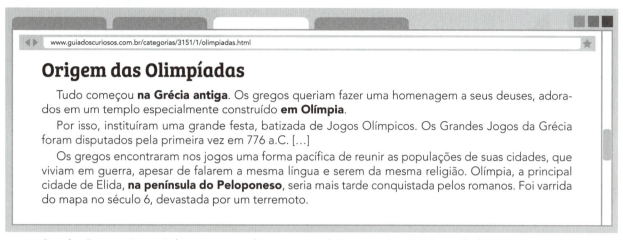

Origem das Olimpíadas

Tudo começou **na Grécia antiga**. Os gregos queriam fazer uma homenagem a seus deuses, adorados em um templo especialmente construído **em Olímpia**.

Por isso, instituíram uma grande festa, batizada de Jogos Olímpicos. Os Grandes Jogos da Grécia foram disputados pela primeira vez em 776 a.C. […]

Os gregos encontraram nos jogos uma forma pacífica de reunir as populações de suas cidades, que viviam em guerra, apesar de falarem a mesma língua e serem da mesma religião. Olímpia, a principal cidade de Elida, **na península do Peloponeso**, seria mais tarde conquistada pelos romanos. Foi varrida do mapa no século 6, devastada por um terremoto.

Guia dos Curiosos. Disponível em: <www.guiadoscuriosos.com.br/categorias/3151/1/olimpiadas.html>. Acesso em: 1º fev. 2019.

a) Observe as palavras destacadas no texto. Que informações elas acrescentam sobre a origem das Olímpiadas?

b) Identifique no texto expressões que indicam o tempo em que aconteceram os fatos relatados.

c) Classifique as expressões destacadas no texto e as que indicam tempo.

6. Leia a tirinha.

a) Os ratinhos não gostam das histórias lidas por Níquel Náusea. Como é possível perceber isso?

b) Por que o tipo de história lida pelo personagem não agrada aos ouvintes?

c) Observe o advérbio **tão** no primeiro quadrinho. A que palavra ele está relacionado? A que classe gramatical essa palavra pertence?

d) Que sentido o advérbio **tão** expressa na fala do ratinho?

e) Classifique o advérbio **tão**.

7. Copie e classifique os advérbios das orações a seguir.

a) Jogaram a sujeira debaixo do tapete.

b) Ultimamente tem sido fácil viajar.

c) Seguramente, o museu do Louvre é incrível demais.

d) Nós não nos demoraremos por aqui.

CAPÍTULO 2

Neste capítulo, você vai conhecer mais uma crônica de viagem, estudar os recursos de coesão textual e escrever uma crônica de viagem que será publicada em uma rede de *microblogs*.

LEITURA

Neste capítulo, você vai conhecer mais uma crônica de viagem. Desta vez, publicada numa revista de turismo.

1. Leia o título do texto. Em que idioma ele está escrito?

2. Você sabe o que significa a expressão *Strike a pose*?

3. Qual será a relação dessa expressão com o texto?

4. Você lerá uma crônica de viagem sobre uma visita ao Museu do Louvre, que fica em Paris, na França. Que tipo de informação essa crônica poderá conter?

Strike a pose

Clarice Niskier

O que fazer no dia em que você fica cara a cara com o quadro mais famoso do mundo?

Tive a oportunidade neste ano de ir a Paris. E visitar o Louvre. Setas indicam o caminho para chegar à sala em que está um dos quadros mais famosos do mundo: a *Mona Lisa*. Eu estava com uma expectativa infantil. Seria a primeira vez diante da Moça. O que me esperava?

Um formigueiro humano se movimentava diante do quadro, que está protegido por um vidro e por dois cordões de isolamento. *Flashes* ininterruptos pareciam querer cegar a *Gioconda*. Eu e meu filho nos misturamos na confusão. E combinamos: não tínhamos cruzado o oceano para fotografar o quadro, queríamos apreciá-lo. Então, assim que chegássemos lá na frente, não sairíamos mesmo que a multidão nos linchasse.

Ela é muito mais jovem do que eu pensava. E mais serena. E a maioria se vira de costas, se fotografa e vai embora. O quê? A pessoa enfrenta todos os tipos de obstáculos e, diante da obra mais comentada do mundo, se fotografa ao estilo "Eu e a Obra" e vai embora? Sem ao menos esboçar uma opinião? Sem investigar o motivo de seu sorriso? Está feliz? Angustiada? Será o próprio Leonardo da Vinci, versão feminina?

→ Multidão se reúne em torno da obra *Mona Lisa*, no Museu do Louvre, Paris, França, 2018.

48

O fato me entristeceu. Mas me encantei com a indiferença da moça diante da nossa falta de tempo. Sobre ela, o olhar polaroide do mundo. Mas *Mona Lisa* não estava nem aí. Soberba, ora me olhava, ora não me olhava, ora sorria, ora não sorria, com seus olhos fundos, não julgava. Sua respiração não se alterava, suas mãos não tremiam como as minhas. Eu tinha acabado de dar à luz. A mim.

Então, meu filho, já cansado com o desconforto da situação, foi salvo pelos seguranças que o deixaram sair pela frente do cordão de isolamento. Com medo de me perder dele, corri ao seu encontro. Renascida. Mais feminina, mais masculina, andrógina, como Ela, que soube se perpetuar no tempo, que dança ao som da solidão que envolve os espaços palacianos do museu e da imprescindível e ameaçada arte da contemplação.

Clarice Niskier. Strike a pose. *Viagem e Turismo*, São Paulo, Abril, p. 37, set. 2013.

GLOSSÁRIO

Andrógino: que apresenta características, traços ou comportamento imprecisos entre masculino e feminino, ou que tem, notavelmente, características do sexo oposto.

Gioconda: nome pelo qual a obra *Mona Lisa* também é conhecida. *La Gioconda*, em italiano, significa "a Sorridente".

Polaroide: é uma máquina fotográfica que revela e imprime instantaneamente a fotografia.

A atriz **Clarice Niskier** nasceu em 1959, no Rio de Janeiro. É atriz de teatro e TV, além de escritora de textos teatrais. Recebeu vários prêmios, entre eles o Prêmio Shell de melhor atriz, por sua atuação em *Alma imoral*, em 2007.

CURIOSO É...

Selfie em museu pode ser positiva

Ainda que já tenha sido considerada desrespeitosa com as obras de arte, alguns museus brasileiros estão considerando as *selfies* uma forma de atrair frequentadores.

A uma reportagem do jornal *O Estado de S. Paulo*, Tomás Toledo, o curador-chefe do Museu de Arte de São Paulo – o MASP – afirmou que a onda de *selfies* em frente às obras de arte é positiva. "Enxergamos como uma forma de aproximação dos visitantes com as obras de arte. É a oportunidade de um primeiro contato que pode ser aprofundado".

O curador-chefe também relembrou na reportagem que esse hábito não é novo, já que há no acervo do museu um registro com data de 1950 de um visitante imitando a pose do quadro *Retrato de Leopold Zborowski* (1916-1919), de Amadeu Modigliani. Para Toledo, as redes sociais potencializaram essa prática.

↑ Visitante faz *selfie* na Galeria Estatal Tretyakov, em Moscou, Rússia, 2015.

Outro caso é o da visita da cantora Katy Perry ao Museu de Arte Contemporânea da Universidade de São Paulo (MAC), que fez uma foto deitada no gato gigante da obra *Um amor sem igual*, de Nina Pandolfo. A atitude da cantora fez com que seus fãs e seguidores nas redes sociais de várias partes do mundo demonstrassem desejo de conhecer o museu.

Fonte: <https://cultura.estadao.com.br/noticias/artes,para-ganhar-likes-publico-elege-espacos-para-selfies-em-museus-brasileiros,70002534385>. Acesso em: 17 out. 2018.

ESTUDO DO TEXTO

Apreciação

1. Antes de ler a crônica, você levantou uma hipótese sobre a relação da expressão *Strike a pose* com o texto. Sua hipótese se confirmou após a leitura? Como?

2. Você também levantou uma hipótese sobre as informações que a crônica poderia conter. Sua hipótese se confirmou? Como?

3. Que crítica você percebe na crônica de viagem que leu?

Interpretação

1. A crônica foi escrita em 1ª ou 3ª pessoa? Justifique.

2. O texto foi publicado em uma revista sobre viagem e turismo.
   a) A que público essa revista é dirigida?
   b) Em sua opinião, por que a crônica foi publicada nessa revista?

3. Logo abaixo do título, aparece o subtítulo. Releia-o e responda às perguntas.
   a) A crônica responde a essa pergunta? Como?
   b) O pronome **você** é dirigido a alguém específico? Explique.

4. Releia o trecho a seguir.

> O fato me entristeceu. Mas me encantei com a indiferença da moça diante da nossa falta de tempo. Sobre ela, o olhar polaroide do mundo. [...]

   a) Quem é a moça à qual o trecho se refere?
   b) Como a "moça" é caracterizada nesse trecho?

5. Copie no caderno as alternativas que você julgar verdadeiras.
   a) O texto relata uma visita ao Museu do Louvre para ver a obra *Mona Lisa*.
   b) Foi preciso cruzar o Atlântico para tirar uma *selfie* com o quadro *Mona lisa*.
   c) O texto mostra que *Mona Lisa* não se importava com o fato de as pessoas chegarem perto dela apenas para tirar uma fotografia.
   d) A crônica, no início, não mostra nenhuma expectativa especial em relação ao quadro *Mona Lisa*.

6. Explique a relação do título da crônica com seu conteúdo, justificando com um trecho do texto.

7. Segundo a crônica, é melhor contemplar o quadro do que tirar fotografias? Por quê?

8. A cronista relata o momento em que se vê diante do quadro. Como ela avalia esse momento?

9. Você já contemplou um quadro? Como foi essa experiência?

Linguagem

1. Explique o significado dos trechos destacados nos itens a seguir.

   a) Um **formigueiro humano** se movimentava diante do quadro, que está protegido por um vidro e por dois cordões de isolamento. [...]

   b) [...] Mas me encantei com a indiferença da moça diante da nossa falta de tempo. Sobre ela, o **olhar polaroide** do mundo. [...]

2. Identifique no texto todas as palavras e expressões utilizadas pela autora da crônica para se referir à *Mona Lisa*.

3. Releia o seguinte trecho do último parágrafo.

   [...] Renascida. Mais feminina, mais masculina, andrógina, como Ela, que soube se perpetuar no tempo, que dança ao som da solidão que envolve os espaços palacianos do museu e da imprescindível e ameaçada arte da contemplação. [...]

   a) A autora utilizou letra maiúscula em **Ela**. Explique o motivo com suas palavras.

   b) Por que a autora contrapõe as palavras **imprescindível** e **ameaçada** ao mencionar a "arte da contemplação"?

⚠ CURIOSO É...

Museu do Louvre

O Museu do Louvre, instalado no Palácio do Louvre, em Paris, na França, é tão grande que não pode ser visitado em apenas um dia. Seu gigantesco acervo é organizado em oito departamentos espalhados em três alas, contém mais de 380 mil itens e mantém em exibição permanente mais de 35 mil obras de arte.

No *site* <www.louvre.fr/visites-en-ligne>, você pode fazer um breve *tour* por algumas obras expostas. A língua original é o francês, mas há, no canto superior direito, a possibilidade de selecionar o espanhol, língua mais próxima do português, e ver as plantas do museu e algumas fotos das obras.

→ Vista externa do Museu do Louvre, Paris, França, 2014.

O QUE APRENDEMOS COM O ESTUDO DE CRÔNICA DE VIAGEM

- O texto é um relato de acontecimentos reais.
- O cronista apresenta uma visão particular de um local que visitou.
- O texto é um relato em 1ª pessoa.
- O cronista descreve opiniões, sentimentos e impressões de sua experiência pessoal.

AQUI TEM MAIS

Mona Lisa

Você já viu esse quadro? O que sabe dele?

Mona Lisa, *Senhora Lisa*, *la Gioconda* ou a *Sorridente* são nomes aceitos para a obra de arte mais conhecida do pintor italiano Leonardo da Vinci (1452-1519).

Da Vinci não era apenas pintor. Ele era um grande conhecedor nas áreas de Arquitetura, História Natural, Matemática, Música, Escultura, entre tantas outras, além de ser inventor. Entre suas invenções, estão o paraquedas, a asa-delta e um precursor do helicóptero.

A pintura ao lado é a mais famosa do mundo e ditou um modelo para os retratos que seriam pintados posteriormente. Poucos trabalhos de arte são tão controversos, questionados, valiosos, elogiados, comemorados e reproduzidos como esse.

Trata-se de uma reprodução do ideal de beleza feminina da época.

Leonardo da Vinci. *Mona Lisa*, 1503.
Óleo sobre madeira de álamo, 77 cm × 53 cm.

1. Esse quadro é cheio de mistérios e motivador de muitas histórias. Você conhece alguma especulação sobre ele? Se sim, comente com os colegas e o professor.

2. Em sua opinião, por que esse quadro gera tanta curiosidade nas pessoas?

3. A expressão da mulher representada é contida. Para você, ela está sorrindo de uma maneira tímida ou feliz? Que emoção você sente ao observá-la?

4. O cenário em que Mona Lisa foi retratada é bastante controverso. O fundo à direita parece mais distante do que o fundo à esquerda – ou seja, um mesmo cenário tem linhas de horizonte diferentes. Isso é possível? Considerando que artistas renascentistas pintavam ao ar livre, onde você acha que essa pintura foi feita?

5. Olhe para os olhos de Mona Lisa. Agora, vire este livro de cabeça para baixo. Ela continua o acompanhando com o olhar?

 **ESTUDO DA LÍNGUA**

Coesão do texto

1. Releia um trecho da crônica estudada no Capítulo 1.

> Um lugar deve ser realmente incrível quando você consegue apreciá-**lo** apesar de uma chuva intermitente, poucas horas de sono na noite anterior à visita e o fato de que **suas** lentes de contato ficaram esquecidas na pia do banheiro do hotel. Foi exatamente o que aconteceu comigo na semana passada, na **minha** primeira ida a Bonito, em Mato Grosso do Sul. Ah, mencionei que tenho oito graus de miopia?
>
> Foi um exercício de aceitação, talvez o maior pelo qual eu já passei na minha vida de turista. Nunca havia estado em Bonito [...]. Assim, quando fui convidado recentemente para um evento por lá, aceitei entusiasmado.
>
> [...]
>
> Resolvi relaxar. E embaixo de um toró, entrei no rio Baía Bonita e encarei a natureza esfumaçada. Só enxergava mesmo algum peixe quando **ele** se aproximava a menos de cinco centímetros dos meus olhos – felizmente algo que, devido ao respeito que se criou ali com a natureza, acontecia com frequência. **Eles** vinham, me olhavam de perto e me ignoravam. O resto das imagens era um borrão, mas longe de me decepcionar, **elas** me encantavam.

↑ Cardume de piraputangas. Balneário Municipal de Bonito, Mato Grosso do Sul, 2008.

Zeca Camargo. Sem lentes, explorei a natureza de Bonito sem a precisão do que via. *Folha de S.Paulo*, 14 dez. 2017. Disponível em: <www1.folha.uol.com.br/colunas/zecacamargo//2017/12/1942980-sem-lentes-explorei-a-natureza-de-bonito-sem-a-precisao-do-que-via.shtml>. Acesso em: 9 set. 2018.

a) Como o autor da crônica avalia a viagem que fez para Bonito? Que elementos do texto confirmam sua resposta?

b) Que sentido o advérbio **realmente** acrescenta ao adjetivo **incrível** no início do texto?

c) Observe os pronomes destacados no primeiro parágrafo. A que palavras eles se referem no texto?

d) Indique a palavra que o advébio **lá** substitui no trecho abaixo.

> [...] quando fui convidado recentemente para um evento por lá [...]

e) No último parágrafo do texto, os pronomes destacados retomam termos já apresentados no texto. Que termos são retomados em cada pronome?

2. Releia um trecho da crônica estudada no Capítulo 2.

> Eu e meu filho nos misturamos na confusão. E combinamos: não tínhamos cruzado o oceano para fotografar o quadro, queríamos apreciá-lo. Então, assim que chegássemos lá na frente, não sairíamos mesmo que a multidão nos linchasse.

53

a) Em "queríamos apreciá-lo", que termo o pronome **lo** retoma no texto?

b) No texto, a que o advérbio **lá** se refere?

> Os **pronomes**, os **advérbios** e os **substantivos** podem ser usados em um texto como recursos para tornar o texto coeso, ou seja, eles retomam palavras apresentadas anteriormente e estabelecem relações entre as partes do texto.

ATIVIDADES

1. Os pronomes, advérbios e substantivos podem ser usados como recursos para tornar o texto coeso. Leia o trecho de uma reportagem publicada na seção "Viagem" de um jornal e verifique como é possível retomar palavras e estabelecer relações entre as partes do texto.

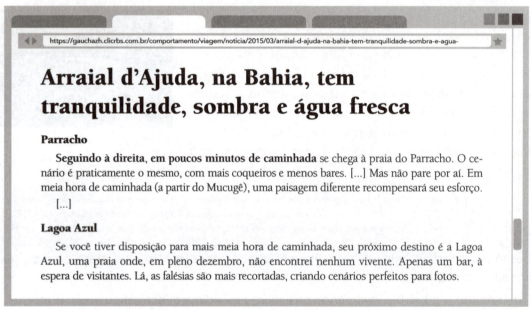

Gaúcha ZH, 3 mar. 2015. Disponível em: <https://gauchazh.clicrbs.com.br/comportamento/viagem/noticia/2015/03/arraial-d-ajuda-na-bahia-tem-tranquilidade-sombra-e-agua-fresca-4709782.html>.
Acesso em: 9 set. 2018.

a) Qual seria o objetivo do leitor ao ler essa reportagem?

b) Que tipo de informação as palavras destacadas acrescentam ao texto?

c) Qual é a importância dessas informações para o leitor?

d) Os advérbios **aí** e **lá** retomam informações apresentadas anteriormente.

Releia.

> [...] não pare por aí.   Lá, as falésias são mais recortadas[...]

A que termo cada um deles se refere no texto?

e) No trecho sobre a praia Lagoa Azul, identifique advérbios ou locuções adverbiais de tempo.

2. Leia um trecho de uma reportagem publicada no caderno de turismo de um jornal. Ela fala da relação da cidade com o escritor Jorge Amado.

Mônica Nobrega. Na Ilhéus de Jorge e Gabriela. *O Estado de S. Paulo*, 5 set. 2017. Disponível em: <https://viagem.estadao.com.br/noticias/ geral,praias-e-fazendas-na-bahia-do-cacau-e-de-jorge-amado,70001967130>. Acesso em: 9 set. 2018.

a) Por que Jorge Amado é importante para a cidade de Ilhéus?

b) Que palavras são usadas no primeiro parágrafo para se referir a Jorge Amado?

c) Com que finalidade foram usadas palavras diferentes para se referir a Jorge Amado?

d) A que termo a expressão "A maior cidade do sul da Bahia e oitava no Estado" se relaciona?

e) Por que essa expressão foi usada para se referir a essa palavra?

3. Leia o trecho de uma notícia publicada em um portal de notícias.

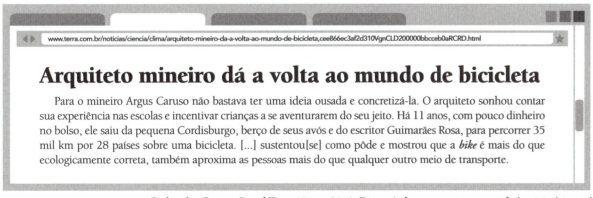

Giuliander Carpes. *Portal Terra*, 17 jun. 2012. Disponível em: <www.terra.com.br/noticias/ciencia/ clima/arquiteto-mineiro-da-a-volta-ao-mundo-de-bicicleta,cee866ec3af2d310Vgn CLD200000bbcceb0aRCRD.html>. Acesso em: 9 set. 2018.

a) Localize no texto os termos usados para substituir as seguintes palavras:
- Argus Caruso:
- Cordisburgo:
- bicicleta:

b) Com que função foram usadas essas palavras no texto?

Onde e aonde

Quando usar onde e aonde	
Onde indica lugar. É usado com verbos que expressam permanência ou estado. Exemplos: **Onde** você esteve ontem depois da aula? Não sei **onde** fica a biblioteca da cidade.	**Aonde** é usado como indicativo de movimento, com verbos que sugerem deslocamento (ir, levar, dirigir etc.). Exemplos: **Aonde** você pensa que vai? **Aonde** devo me dirigir para encontrá-lo?

ATIVIDADES

1. Leia o título das reportagens e complete as lacunas com **onde** ou **aonde**.

Réveillon, janeiro, carnaval, julho: ▲ ir × ▲ não ir

Disponível em: <www.viajenaviagem.com/2013/09/onde-ir-reveillon-janeiro-carnaval-julho>. Acesso em: 17 fev. 2019.

Intercâmbio: lugares ▲ você pode estudar e trabalhar

Disponível em: <www.pureviagem.com.br/noticia/intercambio-lugares-onde-voce-pode-estudar-e-trabalhar_a10610/1>. Acesso em: 17 fev. 2019.

2. Copie as frases no caderno e complete-as com **onde** ou **aonde**.

a) Não entendo ▲ ele está com a cabeça.

b) ▲ fica o estádio de futebol?

c) ▲ você vai depois da escola?

d) Não sei ▲ me apresentar, nem a quem me dirigir.

e) Não sei ▲ ir para encontrar a roupa da formatura.

f) Irei ▲ você puder me encontrar.

g) ▲ você mora?

h) Ele visitará a cidade ▲ nasceu.

i) ▲ nos leva esse caminho?

j) ▲ vai aquela menina?

ENTRELAÇANDO LINGUAGENS

A obra *Mona Lisa* é uma das mais homenageadas por artistas do mundo todo. Conheça algumas obras que fazem releituras do famoso quadro de Da Vinci.

↑ Fernando Botero. *Monalisa* aos 12 anos. Óleo sobre tela, 1977.

↑ Fernando Stefano. *La Catrina*. Papel machê, 2013.

← Fernando Stefano. *Monalisa do sertão*. Xilogravura, 2012.

1. Você conhece alguma dessas obras? Se conhece, onde a viu?

2. Qual delas você considerou mais interessante? Por quê?

Sabia que há outras releituras da *Mona Lisa*? Pesquise na internet e você encontrará várias releituras como essas!

PRODUÇÃO ESCRITA

Crônica de viagem

Você já viajou para outra cidade, estado ou país? Já fez uma viagem muito esperada, em que acontecimentos imprevistos atrapalharam, ou quase atrapalharam, tudo? Ou uma viagem em que algo o surpreendeu? Como foi o desfecho dessa aventura real?

Nesta seção, você escreverá uma crônica de viagem. Como visto nos textos de Zeca Camargo e Clarice Niskier, para escrever a crônica, eles escolheram um momento da viagem e relataram o que aconteceu, registraram suas impressões, opinaram e mostraram seus sentimentos sobre esse momento.

1. Caso você não se lembre de algum passeio, pense em um lugar que você sempre visita. Se possível, visite-o novamente. Pode ser uma praça ou um parque de sua cidade. Tire uma foto desse lugar, se puder.

2. Os textos produzidos por você e os colegas serão compartilhados numa rede de *microblogs*. Seu professor vai orientá-lo no uso desses recursos.

3. Para a foto (ou fotos, se houver mais de uma), você pode dar um título atrativo como o que Zeca Camargo deu às suas fotos de Bonito ("Bonito que só vendo").

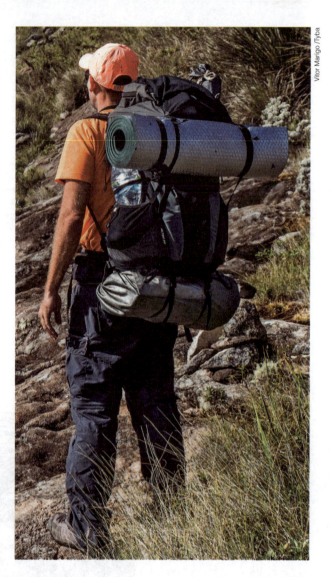

Planejar

1. Escreva como foi esse momento do passeio. Observe a foto. Ela pode ajudá-lo a se lembrar de alguns detalhes. As perguntas a seguir poderão auxiliá-lo.

   a) Onde foi o passeio?
   b) Quem participou?
   c) O que era esperado?
   d) O que aconteceu?
   e) Como aconteceu?
   f) Por que foi divertido, engraçado, inusitado, desesperador?
   g) Quais foram os sentimentos e impressões sobre esse passeio?

Escrever

1. Com base em seu roteiro, escreva sua crônica de viagem.
2. Você pode iniciar o texto como Zeca Camargo, descrevendo uma dificuldade que enfrentou nesse passeio, ou como Clarice Niskier, que mostra o início do passeio. Comente para onde foi, com quem, o que fez e qual era sua expectativa.
3. Desenvolva o texto apresentando, a cada parágrafo, as dificuldades ou expectativas, como foi a visita, como chegou ao lugar, quais foram suas sensações, sentimentos e impressões etc.
4. Se desejar, opine sobre o lugar e seus frequentadores e finalize a crônica.
5. De um título que atraia a atenção do leitor para seu texto.

Rever

1. Troque o texto com um colega para que um revise o texto do outro. Depois, o professor também fará uma correção e o instruirá na reformulação. Oriente-se pelos aspectos a seguir.
   - Há uma introdução na crônica?
   - O autor conseguiu relatar um momento de uma viagem ou visita?
   - Ele expressou seus sentimentos, impressões e opiniões no texto?
   - Foi dado um título que chama a atenção do leitor?
   - Os pronomes, advérbios e substantivos foram usados como recurso para tornar o texto coeso, isto é, eles retomam palavras e estabelecem relações entre as partes do texto?
   - Que dicas você pode dar ao colega para melhorar a crônica?
2. O professor também lerá o texto e o devolverá para você refazê-lo.
3. Reescreva sua crônica com base nos comentários do colega e do professor.
4. Se possível, digite o texto na sala de informática, salve em um arquivo e repasse a(s) foto(s) e o texto para o professor para que elas sejam publicadas.
5. Escreva com os colegas um texto apresentando o que será publicado numa rede de *microblogs*.

Compartilhar

1. Depois de fazer uma última revisão do texto, publique, com os colegas e o professor, os trabalhos e as fotos na rede de *microblogs*.
2. Divulguem o trabalho para a comunidade escolar e os pais. Para isso, façam alguns cartazes (com a devida autorização da direção) e enviem uma carta ou *e-mail* aos pais.

DICAS

ACESSE

Descubra o Brasil através do *Google Earth* – Educação. Disponível em: <www.google.com/intl/pt-BR_br/earth/education/brazil>. Acesso em: 17 set. 2018. No *site*, é possível conhecer, de forma interativa, lindas paisagens e pontos turísticos do Brasil.

LEIA

Crônicas de viagem, de Cecília Meireles (Global). Cecília Meireles percorreu inúmeros países. As crônicas, publicadas originalmente em jornais, trazem suas impressões de lugares como Argentina, Portugal, Índia e Israel, além de algumas regiões do Brasil.

↑ O cantor e compositor Lenine em entrevista a um programa de TV, em 2012.

UNIDADE 3
De pergunta em pergunta

NESTA UNIDADE
VOCÊ VAI:

- entender como são produzidas e divulgadas as entrevistas;
- explorar o contexto em que são produzidas;
- estudar verbo e o modo indicativo;
- aprender a transcrever entrevistas;
- fazer uma entrevista.

↑ Francisco Queiroz, profissional de *marketing*, e Marcos Quintela, publicitário, em entrevista a um programa de rádio, em 2014.

Observe as imagens e responda às questões.
1. O que elas têm em comum?
2. Em que elas são diferentes?
3. Qualquer pessoa pode ser entrevistada? Com que finalidade?
4. Você conhece algum dos entrevistados retratados? Pela legenda, com que finalidade você imagina que eles foram entrevistados?
5. Para que são realizadas entrevistas?

61

CAPÍTULO 1

Neste capítulo, você vai ler uma entrevista e identificar as características desse gênero textual. Vai também estudar o modo indicativo dos verbos.

1. Observe estas outras imagens que retratam dois tipos de entrevista.

a) Nas imagens, quem são os entrevistados? Como você percebeu isso?

b) Em que lugares esses entrevistados estão?

c) Quem faz a entrevista na imagem 3? Como você deduziu isso?

2. Além das que você observou nas imagens de abertura e nesta seção, você conhece outras formas de se fazer entrevista? Quais?

3. Em que outros veículos as entrevistas podem ser divulgadas, além dos apresentados?

 **LEITURA**

Leia a entrevista com os quadrinistas Fábio Moon e Gabriel Bá, publicada na revista *Na ponta do Lápis* (*NPL*), uma publicação do Programa Escrevendo o Futuro.

1. Que assunto você imagina que vai ser abordado nesta entrevista?

2. Por que será que estes quadrinistas foram entrevistados? Leia e descubra.

Entrevista com Fábio Moon e Gabriel Bá: "HQ em dose dupla"

Assunto: HQs   Autor(a): Camila Prado   Fotos: Veronica Manevy, *NPL*, n. 28

Desde cedo, Fábio Moon e Gabriel Bá sabiam muito bem o roteiro que queriam seguir no mundo dos quadrinhos. Aqui, esses irmãos gêmeos nos contam como é trabalhar a quatro mãos e duas cabeças e sobre como vêm traçando essa história em que o desenho transcende a perfeição gráfica para construir narrativas profundas, reflexivas e que tirem o leitor da zona de conforto. Ganhadores de dois prêmios Eisner, que é o Oscar dos Quadrinhos – um por *Daytripper* e outro pela adaptação de *O alienista* –, e de um Prêmio Jabuti – que receberam recentemente pela adaptação de *Dois irmãos* –, certamente esses talentosos autores estão apenas no meio da saga. Ainda há muita trama por vir. Mas fato é que, para instigar o leitor a virar a página, eles vão até o fim!

• **Sempre perguntamos para nossos entrevistados sobre o começo da trajetória como leitores. Como foi a de vocês?**

Fábio – Acho que as primeiras lembranças do que a gente lia são a Série Pequeno Vampiro, a Coleção Vaga-Lume, as aventuras de *A casa das quatro luas*. Minha mãe lia para nós as histórias do Monteiro Lobato. Eu também gostava de Sherlock Holmes quando criança. Todas tinham esse aspecto de aventura e de continuidade dos personagens. Acho que isso é um dos motivos que nos levaram a ter interesse por quadrinho. Minha mãe também lia quadrinhos quando eu era criança, ela gostava de *Mandrake*, *O Fantasma*... Como sempre gostamos de desenhar, acho que ela aproveitou isso e começou a mostrar quadrinhos pra gente. Líamos as histórias da *Turma da Mônica* e dos personagens do Walt Disney. Mas foi ao descobrirmos os quadrinhos americanos de super-herói que viciamos em HQ. Todo mês tinha uma aventura nova e você continuava seguindo as histórias.

• **E essa ligação visceral com o desenho, como surgiu?**

Gabriel – Acho que toda criança gosta de desenhar, mas tem uma idade em que a criança para de desenhar, que é mais ou menos quando ela aprende a escrever. Desenhar é uma forma de se expressar, escrever é outra, mais fácil, mais direta. O desenho era uma brincadeira nossa, algo que a gente poderia fazer a qualquer hora, em qualquer lugar.

Fábio – Desenhar é um negócio que sempre esteve presente e criou essa ligação. Acho que isso tem a ver por sermos gêmeos mesmo, porque estávamos sempre juntos. Junto com o Bá veio rabiscar, veio o desenho.

63

• **Vocês fizeram um fanzine na escola. Contem um pouco dessa história.**

Gabriel – Quando você gosta de quadrinhos, você quer fazer a revista. No colegial (atual Ensino Médio), participamos do jornal da escola fazendo uns desenhos aqui e ali, e aprendemos a montar uma revista.

No 3º ano, o jornal acabou. Resolvemos fazer um fanzine para continuar mostrando nossas coisas para os amigos. Aí vimos a diferença entre ter uma pasta de desenhos e ter uma revista. Percebemos também que era fácil dar essa cara de algo de verdade para os quadrinhos fazendo fanzines. Esses primeiros quadrinhos são reflexo do que líamos. Tinha história que aparecíamos como personagem, porque um monte de quadrinhos alternativos nos influenciou, por exemplo, em *Chiclete com Banana* e *Piratas do Tietê*, os personagens também são autores.

• **Quando descobriram que a HQ era o que queriam fazer da vida?**

Fábio – Antes de entrar no colegial, não sabíamos o que queríamos fazer com quadrinhos. Começamos a perceber nas histórias a capacidade de envolver o leitor. Nos quadrinhos do Angeli, do Laerte, você reconhecia a rua em que passava todo dia, os tipos de casa. Percebia que eram histórias surreais com fadas, bruxas, piratas navegando pelo Tietê. Tinha o lado fantástico, mas ao mesmo tempo ficava a sensação de que aquele tipo de história poderia acontecer com você. Também percebíamos isso nos filmes e na literatura: o jeito que a pessoa escreve faz você querer fazer parte daquela história, como querer fazer parte da gangue do Pedro Bala, em *Capitães da Areia* [de Jorge Amado]. Com uns 13 anos, vimos que dava para criar uma história, fazer quadrinhos, desenhar legal.

Gabriel – No colegial, nos interessamos muito por poesia também. Tem a ver com quadrinhos essa coisa da métrica, de escolher as palavras certas ou a quantidade de palavras, falar uma coisa que diz mais do que só o que está escrito. Mas o desenho era uma parte crucial daquilo que queríamos fazer. Os quadrinhos vinham para contar história e desenhar também.

Fábio – Fomos fazer faculdade de Artes Plásticas, porque não tem faculdade de quadrinhos. No começo, fizemos outro fanzine, mas durou só o primeiro ano. Porque é isso, faculdade é um mundo novo. Continuávamos desenhando, fazendo uma historinha de uma página ou outra, mas não tínhamos onde publicar. Há dois anos sem fanzine, estávamos sem o que mostrar e, no mercado editorial, que estava no buraco, não havia nem o que apontar sobre que tipo de quadrinho queríamos fazer. Só tinham sobrevivido super-heróis americanos, que eram republicados, Turma da Mônica e Disney. As editoras não estavam fazendo quadrinhos, então resolvemos fazer fanzine de novo.

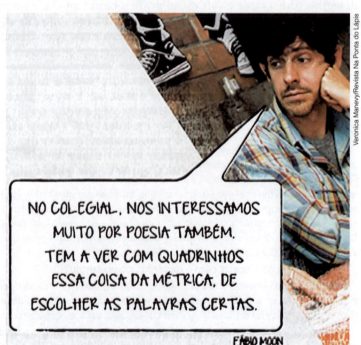

• **E nessas idas e vindas de fanzines, tem algum personagem que se repete, alguma história com continuidade?**

Gabriel – Na faculdade, fazíamos um fanzine semanal, o *10 Pãezinhos* (10paezinhos.blog.uol.com.br), de quatro páginas. Nas histórias do Fábio, ele criou o Guapo. Nas minhas, o personagem era eu. Aos poucos, fui colocando os amigos da faculdade na história e isso ajudou a fazer que eles se interessassem. Mas não queríamos inventar um personagem e ficar contando historinhas curtas com ele para sempre, e sim contar uma história de início, meio e fim. Depois que já tínhamos habituado nosso público a ler quadrinhos e esperar toda semana a edição nova do fanzine, pudemos contar algo maior. Foi quando fizemos *O girassol e a lua*, nossa primeira história mais longa, em 1997. Com 19, 20 anos, percebemos que sem história o desenho ia ficar muito ruim. No começo da nossa carreira, íamos para a Convenção de San Diego, nos Estados Unidos, e sempre mostrávamos páginas de portfólio para serem avaliadas. Conhecemos editores. Fizemos testes para entrar em revistas, como *Arqueiro Verde*, *Batman*, *X-Men*... Mas não deu em nada. Porque é isso, não eram boas o suficiente para o que um desenhista de super-herói precisa atingir.

• **Vocês não estavam desenhando sobre o que queriam...**

Fábio – É! A história é uma parte fundamental de por que queríamos fazer quadrinhos. Nas nossas histórias, tínhamos muito mais envolvimento e isso refletia na qualidade do desenho. E foi o que eventualmente começou a chamar a atenção dos outros editores. Nosso trabalho começou a melhorar, o trabalho da história, o trabalho do desenho. E, depois de dez anos, evoluiu o suficiente para conseguirmos desenhar com outros roteiristas. Foi quando a nossa carreira nos Estados Unidos começou a engrenar um pouco mais.

Gabriel – Pegamos novos projetos, com gêneros diferentes. Essa coisa de história do cotidiano, relacionamento, dia a dia, que é o que gostamos, não é o gênero mais *pop* do mundo. *Pop* é ação.

• **Como é o processo criativo de vocês?**

Fábio – Não importa quem teve a ideia, os dois precisam gostar. Porque demora e você precisa gostar da história para se envolver, para acreditar no projeto e querer trabalhar nele até o fim. Isso ajuda a dar uma filtrada nos estudos. A parte de escrever, dá para fazer juntos, discutir as ideias, os caminhos da história, mas na hora de desenhar normalmente é um só. Nas nossas primeiras histórias, criávamos uns artifícios que possibilitassem dois estilos de desenho, por exemplo, em *O girassol e a lua*, tem uma menina que acha um diário e começa a ler – a história da menina tem um desenho e a história do diário, outro. Raras são as vezes em que o Bá está desenhando e eu fico parado. Sempre tentamos ter mais de um projeto, para cada um desenhar em um. Senão ficamos com aquela sensação de que quem está só escrevendo não está fazendo nada. Porque desenhar é um negócio físico, e escrever é contemplativo.

• **A preocupação com o leitor, em envolvê-lo e fazê-lo se identificar é sempre grande. Falem sobre essa relação.**

Fábio – A identificação chacoalha o leitor. A leitura, acho que tem essa coisa, diferente do cinema, que você senta e vê uma história. Se for boa, ela te pega, mas a ação de ver um filme é inerte. Já a ação de ler, demanda do leitor. Tem que virar a página, e se você consegue engajá-lo e fazê-lo mergulhar nessa ação, ele é capaz de se envolver mais com uma história que ele lê que com uma história que ele está olhando, sem ter que fazer nada.

Gabriel – Você tem que fazer o leitor virar a página.

Fábio – Em quadrinho, isso é uma escolha sempre: pensar qual é a imagem e a frase do fim da página para que o leitor tenha vontade de virá-la e saber o que acontece depois. Isso é o que nos motiva. Não é só a questão de o leitor se relacionar, mas de sair da zona de conforto, sentir coisas, pensar. Se o leitor é chacoalhado nessa história, tem uma reflexão, uma mudança que acontece dentro dele. É o que tentamos fazer.

• **Por falar em mudança que acontece dentro do leitor, vocês acham que o quadrinho pode ser uma porta de entrada para a literatura?**

Gabriel – O segredo é essa coisa de agarrar o leitor. O quadrinho inevitavelmente tem esse lado visual do desenho e trabalha com menos palavras, você pode ler um livro de 300 páginas em duas horas. Existe aí uma chance de atrair leitores que teriam preguiça de ler um livro tão volumoso. Agora, pode-se ter uma história profunda e forte em quadrinhos ou em literatura. Não é porque é quadrinhos que é raso, fraco. Você não vai atrair novos leitores com a *Turma da Mônica* só para eles gostarem de ler e depois entregá-los para ler Brás Cubas [*Memórias póstumas de Brás Cubas*, de Machado de Assis], tem de preparar o leitor para que aproveite o texto. Se você lê muito, vai se preparar para um livro mais difícil. Se você lê muito quadrinho, dependendo do que lê, também vai se preparar. Isso pode funcionar tanto em quadrinhos quanto em literatura. O negócio é agarrar o leitor, porque nessa hora, ele esquece que é um quadrinho ou um livro.

[...]

Escrevendo o Futuro. Disponível em: <www.escrevendoofuturo.org.br/conteudo/biblioteca/nossas-publicacoes/revista/entrevistas/artigo/2308/entrevista-com-fabio-moon-e-gabriel-ba-hq-em-dose-dupla>. Acesso em: 24 jan. 2019.

GLOSSÁRIO

Coleção Vaga-lume: coleção de livros muito lida por várias décadas, que formou muitos leitores.
Fanzine: revista alternativa, produzida de forma artesanal, que pode ser dedicada aos mais variados assuntos.
Inerte: sem movimento.
Saga: narrativa ficcional ou histórica com muitas aventuras.
Série Pequeno Vampiro: coleção de livros sobre um menino que se torna grande amigo de outro que é vampiro.
Visceral: profundamente enraizado.

Apreciação

1. Antes de ler a entrevista, você elaborou hipóteses sobre o assunto que será abordado. Alguma ou algumas de suas hipóteses se concretizaram? Quais?

2. Por que esses quadrinistas foram entrevistados? O que fizeram de relevante?

3. Que pergunta você gostaria de fazer para eles e que não apareceu na entrevista?

Interpretação

1. A entrevista com Gabriel Bá e Fábio Moon foi publicada na revista *Na ponta do Lápis*, dedicada a professores, educadores e outros interessados no ensino da leitura e da escrita. Em sua opinião, que relação há entre o conteúdo publicado na revista e a atividade dos quadrinistas?

2. Sobre a entrevista que você leu, responda:
   a) Como esse texto está organizado?
   b) Quem faz as perguntas no texto?
   c) Quem responde a essas perguntas?

! CURIOSO É...

Programa Escrevendo o Futuro

A entrevista que você leu foi produzida pelo Programa Escrevendo o Futuro, iniciativa de uma fundação de um banco privado, de uma organização da sociedade civil sem fins lucrativos e de órgãos governamentais.

O Programa Escrevendo o Futuro realiza diversas modalidades de formação presencial e a distância para educadores, além de um concurso de textos que premia as melhores produções dos alunos do 5º ano do Ensino Fundamental ao 3º ano do Ensino Médio, a Olimpíada de Língua Portuguesa Escrevendo o Futuro, desenvolvida em parceria com o Ministério da Educação.

Publica mensalmente a revista *Na ponta do Lápis*, destinada a professores, educadores e interessados em geral, com artigos, reportagens e entrevistas com temas voltados para a educação, o ensino da Língua Portuguesa, da leitura e da escrita.

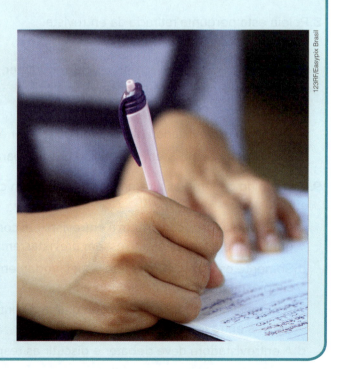

3. Como as falas – as perguntas e as respostas – foram indicadas na entrevista?
   - Por que as falas foram indicadas dessa forma? Copie no caderno as alternativas corretas.
     I. Para que o leitor possa localizar a pergunta com facilidade.
     II. Para economizar espaço na página.
     III. Para organizar o texto.

4. Releia a introdução da entrevista.
   a) Quem escreve essa introdução?
   b) O texto de abertura foi escrito antes ou depois de a entrevista ter sido feita? Por quê?
   c) Com qual objetivo essa introdução foi escrita? Copie no caderno a resposta correta.
      I. Para destacar algumas curiosidades sobre os entrevistados.
      II. Para apresentar informações sobre os entrevistados antes de iniciar a entrevista e situar o leitor sobre o assunto da entrevista.
      III. Para resumir a entrevista para aqueles que não quiserem lê-la inteira e apresentar os entrevistados.

5. Que informações são apresentadas na introdução?

6. Releia apenas as perguntas da entrevista. Quais delas são dedicadas:
   a) à trajetória dos entrevistados como leitores?
   b) ao seu interesse pelo desenho e à escolha da profissão?
   c) ao processo criativo?
   d) às publicações de fanzines?
   e) ao cuidado com o leitor de quadrinhos?

7. O que mais chamou sua atenção nas respostas dos entrevistados em cada uma das partes da entrevista? Por quê?

8. Releia esta pergunta retirada da entrevista.

   Por falar em mudança que acontece dentro do leitor, vocês acham que o quadrinho pode ser uma porta de entrada para a literatura?

   a) Em que a entrevistadora se baseou para fazer essa pergunta?
   b) E as perguntas 1 e 3, em que ela se baseou para fazê-las?

9. Escreva no caderno as alternativas que revelam como se dá a interação entre entrevistadora e entrevistados.
   a) Os interlocutores constroem a entrevista em conjunto, já que a entrevistadora pode fazer perguntas que talvez não estivessem previstas em seu roteiro.
   b) Somente os entrevistados têm papel fundamental na construção do texto. A entrevistadora é simplesmente uma "perguntadora".
   c) A entrevistadora se comporta como uma ouvinte atenta e demonstra interesse pelas respostas dos entrevistados.
   d) A entrevistadora deve debater e discutir as respostas dadas pelos entrevistados.

10. Qual é a relação entre o título "HQ em dose dupla" e a entrevista?

11. Na entrevista, por que algumas falas dos entrevistados foram destacadas?

   a) Se você tivesse que destacar alguma fala da entrevista, qual seria? Por quê?

   b) Se você tivesse que destacar uma fala sobre a relação entre irmãos, qual seria?

   c) Se fosse destacar uma fala sobre as influências literárias, qual seria?

Linguagem

1. Releia estes dois trechos do texto introdutório da entrevista e observe as palavras destacadas.

> Desde cedo, Fábio Moon e Gabriel Bá sabiam muito bem o **roteiro** que queriam seguir **no mundo dos quadrinhos**. [...]
>
> [...] certamente esses talentosos autores estão apenas **no meio da saga**. Ainda há muita **trama** por vir. Mas fato é que, para instigar o leitor a virar a página, eles vão até o fim!

   a) A que se referem essas palavras?

   b) Por que a entrevistadora optou por esse vocabulário para apresentar os entrevistados?

2. Reveja com atenção esta imagem.

   a) Que recursos gráficos e visuais foram utilizados?

   b) Em que gênero textual esses recursos são utilizados geralmente?

   c) Qual é a relação entre esses recursos e a entrevista?

+ AQUI TEM MAIS

Eles fizeram

Os irmãos Fábio Moon e Gabriel Bá fizeram adaptações de clássicos da literatura brasileira para HQ. Um dos romances adaptados foi *O alienista*, de Machado de Assis.

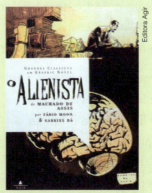

Edição de *O alienista*, de Machado de Assis, ilustrada por Fábio Moon e Gabriel Bá. Rio de Janeiro: Agir, 2007. (Coleção Grandes Clássicos em Grafic Novel).

ESTUDO DA LÍNGUA

Verbo – Modo indicativo

1. Leia um trecho de uma entrevista com Alê Abreu, diretor da animação *O menino e o mundo*.

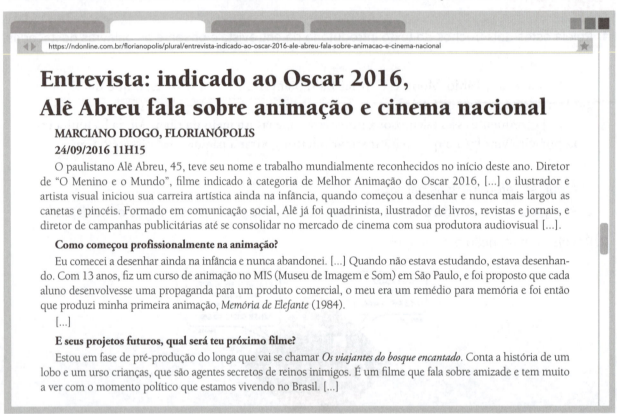

ND Online. Disponível em: <https://ndonline.com.br/florianopolis/plural/entrevista-indicado-ao-oscar-2016-ale-abreu-fala-sobre-animacao-e-cinema-nacional>. Acesso em: 24 jan. 2019.

a) Quais são os assuntos principais nesse trecho da entrevista?

b) Observe os verbos **comecei**, **abandonei** e **vi** na resposta da primeira pergunta. A que tempo eles se referem: passado, presente ou futuro?

c) Por que o entrevistado usou esse tempo verbal para falar de suas ações?

d) O que o verbo **será** e a locução verbal **vai se chamar** indicam sobre o tempo da ação?

e) Identifique no texto um verbo que expressa uma ação no presente.

2. Explique a diferença de sentido nas frases a seguir:
- Ele leu uma HQ ontem.
- Ele lia HQs na infância.

Nesta unidade, vamos estudar o modo indicativo, que expressa algo que aconteceu, acontece ou acontecerá com certeza.

Os verbos são conjugados em seis tempos no modo indicativo: **presente**, **pretérito perfeito**, **pretérito imperfeito**, **pretérito mais-que-perfeito**, **futuro do presente** e **futuro do pretérito**.

Veja a conjugação dos verbos **cantar**, **vender** e **partir** nos tempos do modo indicativo.

Modo indicativo		
Presente		
1ª conjugação – AR **cantar**	2ª conjugação – ER **vender**	3ª conjugação – IR **partir**
canto	vendo	parto
cantas	vendes	partes
canta	vende	parte
cantamos	vendemos	partimos
cantais	vendeis	partis
cantam	vendem	partem
Pretérito perfeito		
cantei	vendi	parti
cantaste	vendeste	partiste
cantou	vendeu	partiu
cantamos	vendemos	partimos
cantastes	vendestes	partistes
cantaram	venderam	partiram
Pretérito imperfeito		
cantava	vendia	partia
cantavas	vendias	partias
cantava	vendia	partia
cantávamos	vendíamos	partíamos
cantáveis	vendíeis	partíeis
cantavam	vendiam	partiam
Pretérito mais-que-perfeito		
cantara	vendera	partira
cantaras	venderas	partiras
cantara	vendera	partira
cantáramos	vendêramos	partíramos
cantáreis	vendêreis	partíreis
cantaram	venderam	partiram

Futuro do presente		
1ª conjugação – AR cantar	2ª conjugação – ER vender	3ª conjugação – IR partir
cantarei	venderei	partirei
cantarás	venderás	partirás
cantará	venderá	partirá
cantaremos	venderemos	partiremos
cantareis	vendereis	partireis
cantarão	venderão	partirão
Futuro do pretérito		
cantaria	venderia	partiria
cantarias	venderias	partirias
cantaria	venderia	partiria
cantaríamos	venderíamos	partiríamos
cantaríeis	venderíeis	partiríeis
cantariam	venderiam	partiriam

Presente

1. Veja um uso do tempo presente. Leia o trecho de uma dica sobre museus da cidade de São Paulo.

Pinacoteca

Considerado o museu de arte mais antigo de São Paulo, a Pinacoteca do Estado foi fundada em 1905, com apenas 26 obras. Hoje o acervo conta com cerca de nove mil peças [...]. Enquanto o segundo andar abriga o acervo fixo do museu, o espaço do primeiro andar do prédio é reservado para exposições temporárias, que **ocorrem** periodicamente. Além de entrada gratuita aos sábados, o museu também **oferece** um audioguia gratuito para os visitantes.

Guia da Semana. Disponível em: <www.guiadasemana.com.br/na-cidade/galeria/museus-em-sao-paulo-que-oferecem-entrada-gratuita-em-algum-dia-da-semana#>. Acesso em: 24 jan. 2019.

• Os verbos destacados na notícia estão no tempo presente. O que esse tempo verbal expressa sobre a ação? Justifique sua resposta.

> O presente pode também indicar a ideia de:
> • ação que ocorre no momento da fala. Exemplo: Alê **fala** sobre o início de sua carreira;
> • futuro próximo. Exemplo: O diretor **lança** seu novo filme no fim do ano;
> • verdade absoluta/definição. Exemplo: A Terra **gira** ao redor do Sol.

Pretérito

1. O pretérito se refere às ações ocorridas no passado. Leia as orações a seguir.

> I. Com 13 anos, fiz um curso de animação.

> II. Alê Abreu experimentava estilos, lia muitos quadrinhos.

a) Em qual das orações o verbo expressa uma ação concluída no passado?

b) Em qual das orações o verbo expressa uma ação que se prolonga no tempo no passado?

2. Leia o período a seguir.

> Antes de ser indicado para o Oscar, Alê Abreu já produzira outros filmes de animação.

- Qual verbo indica uma ação ocorrida no passado, anterior a outra também no passado?

> O **pretérito perfeito** indica uma ação concluída no passado.
>
> O **pretérito imperfeito** refere-se a uma ação passada não concluída ou que se prolonga no tempo.
>
> O **pretérito mais-que-perfeito** indica um fato ocorrido no passado anterior a outro também do passado.

Futuro

São dois os tipos de futuro no modo indicativo: futuro do presente e futuro do pretérito.

1. Leia os períodos a seguir.

> A animação *Os viajantes do bosque encantado* **será** lançada no fim do ano.

> Se você pudesse, **faria** um curso de animação.

a) Em qual das orações o verbo destacado refere-se a uma ação futura em relação ao momento presente?

b) Em qual das orações o verbo destacado refere-se a um fato futuro, que pode ocorrer ou não, desde que outra ação aconteça?

> O **futuro do presente** refere-se a uma ação futura em relação ao presente.
>
> O **futuro do pretérito** refere-se a um fato futuro, que pode ocorrer ou não.

ATIVIDADES

1. Leia um trecho de uma entrevista com Carlos Saldanha, diretor de animações como *Rio* e *A era do gelo*, publicada em uma revista semanal.

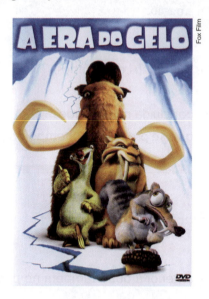
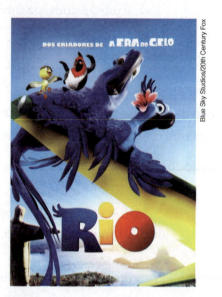

https://vejasp.abril.com.br/cidades/carlos-saldanha-a-producao-brasileira-pouco-conhecida-la-fora/

CULTURA

Carlos Saldanha: "A produção brasileira é pouco conhecida lá fora"

Diretor de "Rio" fala sobre sua carreira e as dificuldades de trabalhar com desenhos animados

[...]
Em 1991, o carioca Carlos Saldanha deixou o Brasil para fazer um curso de animação em Nova York. Destacou-se nas aulas e, ao contrário do que se espera, preferiu ser contratado por um estúdio pequeno a aceitar convites da Disney e da Pixar.

VEJA SÃO PAULO – Quando surgiu o interesse por animação?
Carlos Saldanha – Sempre tive interesse por desenho, arte, mas fazia isso como hobbie. Quando fui optar por uma profissão, escolhi algo relacionado com informática, que eu também gostava muito. Mas, depois que comecei a trabalhar com computação, senti falta da arte. Foi então que vi vinhetas, comerciais de televisão e curtas que utilizavam computação e decidi correr atrás disso.
[...]
VEJA SÃO PAULO – Quais são as maiores influências para o seu trabalho?
Carlos Saldanha – São desenhos que eu vejo desde pequeno, como os clássicos da Disney. Gosto muito de *Pinóquio*, *Bambi* e *Dumbo*. Até hoje também adoro *Tom & Jerry*. Assisto com minhas crianças. Mas duas grandes influências são Charles Chaplin e Buster Keaton, que atuavam no cinema mudo e conseguiam expressar sentimentos sem precisar falar nada.
[...]

Catarina Cicarelli. Carlos Saldanha: A produção brasileira é pouco conhecida lá fora. *Veja São Paulo*, 5 dez. 2016. Disponível em: <https://vejasp.abril.com.br/cidades/carlos-saldanha-a-producao-brasileira-pouco-conhecida-la-fora/>. Acesso em: 24 jan. 2019.

a) Qual é a relação da computação com a profissão escolhida por Carlos Saldanha?

b) O trecho da entrevista é composto de duas perguntas e respostas. Que assunto é tratado em cada uma delas?

c) Que tempo verbal predomina em cada uma das respostas?

d) Justifique o uso desses tempos verbais nas duas respostas.

2. Leia o trecho de uma crônica.

Memória de livros

Aracaju, a cidade onde nós morávamos no fim da década de 40, começo da de 50, era a orgulhosa capital de Sergipe, o menor estado brasileiro (mais ou menos do tamanho da Suíça). Essa distinção, contudo, não lhe tirava o caráter de cidade pequena, provinciana e calma, à boca de um rio e a pouca distância de praias muito bonitas. (nós, saber) ▲ do mundo pelo rádio, pelos cinejornais que acompanhavam todos os filmes e pelas revistas nacionais. A televisão (ser) ▲ tida por muitos como mentira de viajantes, só alguns loucos (andar) ▲ de avião, (nós, comprar) ▲ galinhas vivas e verduras trazidas à nossa porta nas costas de mulas, (nós, ter) ▲ grandes quintais e jardins, meninos não (discutir) ▲ com adultos, mulheres não (usar) ▲ calças compridas nem (dirigir) ▲ automóveis e (nós, viver) ▲ tão longe de tudo, que se dizia que, quando o mundo acabasse, só íamos saber uns cinco dias depois.

Mas vivíamos bem. Morávamos sempre em casarões enormes, de grandes portas, varandas e tetos altíssimos, e meu pai, que sempre gostou das últimas novidades tecnológicas, trazia para casa tudo quanto era tipo de geringonça moderna que aparecia. Fomos a primeira família da vizinhança a ter uma geladeira e recebemos visitas para examinar o impressionante armário branco que esfriava tudo. Quando surgiram os primeiros discos *long play*, já tínhamos a vitrola apropriada e meu pai comprava montanhas de gravações dos clássicos, que ele próprio se recusava a ouvir, mas nos obrigava a escutar e comentar.

João Ubaldo Ribeiro. Memória de livros. Escrevendo o Futuro. Disponível em: <www.escrevendoofuturo.org.br/conteudo/biblioteca/literatura/artigo/495/pagina-literaria-memoria-de-livros-de-joao-ubaldo-ribeiro>. Acesso em: 24 jan. 2019.

a) Complete o texto no caderno com os verbos no tempo passado.

b) Como o narrador caracteriza o lugar onde ele morava?

c) Identifique o tempo verbal usado para completar as lacunas do texto.

d) Justifique o uso desse tempo verbal no texto.

← Vista captada por *drone* do centro de Aracaju, na orla do Rio Sergipe.

3. Leia o título de uma pesquisa de opinião publicada em uma revista sobre educação.

Disponível em: <www.revistaeducacao.com.br/o-que-voce-faria-para-mudar-a-educacao-brasileira/>. Acesso em: 17 fev. 2019.

a) Identifique o tempo verbal da palavra destacada no título.
b) Que sentido o uso desse tempo verbal acrescenta ao texto?

4. Identifique nas frases a seguir o tempo verbal das palavras destacadas.
a) Durante todo o tempo **permaneceu** calado.
b) Se não fosse tão longe, **visitariam** a casa do amigo.
c) Gostava dos livros que **lia** quando **era** criança.
d) Todos **ficarão** felizes com o resultado do concurso.

5. Leia a descrição dos personagens do livro *Capitães da Areia*, de Jorge Amado.

> **PEDRO BALA** – líder dos Capitães da Areia, tem o cabelo loiro e uma cicatriz de navalha no rosto, fruto da luta em que venceu o antigo comandante do bando. Seu pai, conhecido como Loiro, era estivador e liderara uma greve no porto, onde foi assassinado por policiais.
> [...]
> **PROFESSOR** – intelectual do grupo [...]. Além de entreter os garotos, narrando as aventuras que lê, o Professor ajuda decisivamente Pedro Bala, aconselhando-o [...].
> **JOÃO GRANDE** – é respeitado pelo grupo em virtude de sua coragem e da grande estatura. Ajuda e protege os novatos do bando contra atos tiranos praticados pelos mais velhos.

Guia do Estudante, 11 abr. 2018. Disponível em: <https://guiadoestudante.abril.com.br/estudo/capitaes-da-areia-resumo-da-obra-de-jorge-amado>. Acesso em: 17 fev. 2019.

a) Identifique o tempo verbal que predomina no texto. Dê exemplos para justificar sua resposta.
b) O que o uso desse tempo verbal indica sobre os personagens: ação habitual, caracterização dos personagens, ideia de futuro próximo ou verdades absolutas?
c) Releia: "Seu pai, conhecido como Loiro, **era** estivador e liderara uma greve no porto, onde **foi** assassinado por policiais". Qual é o tempo dos verbos destacados? Qual deles indica uma ação pontual em um tempo determinado?

6. Complete os espaços com o verbo conjugado no tempo indicado.
a) Ninguém ▲ o que aconteceu no final do jogo. (ver – pretérito perfeito do indicativo)
b) Naquela época, eu não ▲ desse tipo de música. (gostar – pretérito imperfeito do indicativo)
c) O diretor avisou que não ▲ a tempo de assistir ao espetáculo. (chegar – futuro do presente)
d) Muitas vezes nós ▲ manter contato com eles, mas sempre ▲. (tentar – pretérito perfeito do indicativo; falhar – pretérito imperfeito do indicativo)

CAPÍTULO 2

Neste capítulo, você vai ler uma entrevista, fazer uma entrevista e entender como se faz a transcrição de uma entrevista.

LEITURA

Você vai ler uma entrevista com uma jovem bailarina, publicada num *site* de notícias.

1. O que você espera encontrar numa entrevista com uma bailarina?

2. O que o título da entrevista sugere sobre o assunto que será tratado?

---

www.noticiasaominuto.com.br/cultura/342515/bailarina-brasileira-brilha-em-ny-e-sonha-ser-vista-pela-mae-em-cena

Bailarina brasileira brilha em NY e sonha ser vista pela mãe em cena

Ingrid Silva estrela curta-metragem que vem circulando pelo Brasil

03:12 - 07/02/17 POR RAQUEL LIMA
CULTURA SUPERAÇÃO

Uma das mais promissoras bailarinas de Nova York é negra, brasileira, pouco favorecida financeiramente. Estas palavras não deveriam ser as primeiras usadas para apresentar um talento nato das sapatilhas, mas o balé costuma ter uma realidade racista quase tão limitante quanto a falta de oportunidade agregada à pobreza no Brasil.

A mãe de Ingrid, a empregada doméstica Maureny, nunca presenciou a aclamação da filha em nenhum dos espetáculos destes oito anos de Dance Theatre of Harlem, nos Estados Unidos. "Minha mãe, infelizmente, não conseguiu o visto, não sei ao certo o motivo", conta a profissional de 26 anos que saiu da comunidade do Benfica, no Rio de Janeiro, para brilhar no cenário da dança mundial – tendo como base o projeto social Dançando para não dançar, no Morro da Mangueira.

O video que apresenta Ingrid Silva ao mundo, e vem circulando na internet na última semaa, foi lançado há cerca de três meses. O sentimento evocado pelos dois minutos de imagens é, no entanto, tão atual quanto este exato segundo: superação. Para ter a imagem destacada nos cartazes da turnê do Dance Theatre of Harlem que estreará nos Estados Unidos, em abril, foi preciso que o talento de Ingrid fizesse um "pas de deux" com a resiliência.

O vídeo resume, sem palavras, a vida de Ingrid, desde os oito anos de idade, quando subia a Mangueira para dançar. Nenhum detalhe parece ter escapado ao diretor e roteirista Ben Briand: a casa humilde, o carinho dos pais, a importância da professora, a rotina dura, o nascimento do sonho, o foco, a despedida dos pais e do irmão.

As imagens nos Estados Unidos mostram a chegada, o inverno marcante ("Não estava pronta para o frio ou para a neve. Não tinha sequer um casaco"), os próprios limites superados no balé (as aulas eram das 9h às 17h), o "segundo turno" que Ingrid fazia como babá ou garçonete para pagar as contas, o estudo do inglês. A lição também é gritante: oportunidades transformam realidades. Leia abaixo trechos da conversa da bailarina com o **Cultura ao Minuto**.

Como surgiu o curta-metragem que está conquistando o Brasil?

Eu recebi a proposta para ser embaixadora global da *Activia*. Eles queriam contar a minha história. Esse foi um trabalho maravilhoso, que me deu muitas oportunidades e que serviu para inspirar muita gente.

Em que ponto sua carreira mudou?

Quando vim para Nova York, em 2008, e comecei a dançar com o Dance Theatre of Harlem. Foi ali que comecei as minhas primeiras apresentações profissionalmente.

E antes disso? Fala um pouco do começo de tudo...

Eu fazia *ballet* desde os meus 8 anos, no Projeto Dançando para não Dançar. Através dele, consegui bolsa para Escola de Dança Maria Olenewa, do Centro de Movimento Deborah Colker, e fiz estágio com o Grupo Corpo. Em 2007, uma professora, Bethania Gomes, que já foi bailarina principal do Dance Theatre of Harlem, sugeriu para a diretora do projeto, Theresa Aguilar, que enviássemos um vídeo para audição. Vim pessoalmente, em 2008. Cheguei em Nova York com Theresa, que ficou um mês comigo. Consegui a bolsa e tive a oportunidade maravilhosa de trabalhar com Arthur Mitchell, fundador da companhia.

Como foi a transição de estudante para profissional?

Eu fiquei uns três meses na escola. Depois, ingressei na companhia jovem, chamada Dance Theatre of Harlem Ensemble. Em seguida, sob direção de Virginia Johnson, a companhia seguiu e estamos no nosso quinto ano.

Você já conquistou uma grande parte do seu sonho. O que deseja agora?

Acho que a conquista é diária, a luta é diária. É um sonho cheio de possibilidades infinitas... e eu acredito que ter me tornado bailarina profissional, em uma das melhores companhias do mundo, e me tornado bailarina principal, já é um grande passo. Meu próximo sonho é ter um dia minha mãe na plateia me assistindo a dançar com a companhia.

O Brasil passa por um momento conturbado, como os Estados Unidos. Como o vídeo tem inspirado brasileiros, gostaria de deixar alguma mensagem?

Nunca desistam dos seus sonhos, por mais impossíveis que pareçam. Nada na vida é impossível. Sonhar é apenas o início de uma longa jornada quando você tem foco.

[...]

Notícias ao Minuto. Disponível em: <www.noticiasaominuto.com.br/cultura/342515/bailarina-brasileira-brilha-em-ny-e-sonha-ser-vista-pela-mae-em-cena>. Acesso em: 24 jan. 2019.

GLOSSÁRIO

Aclamação: saudação coletiva para festejar ou aprovar alguém ou algo; reconhecimento.
Agregado: que se juntou a; que está junto.
Evocado: que se fez presente; que aparece, surge.
Pas de deux: no balé, é uma dança executada por dois bailarinos, geralmente um homem e uma mulher.
Resiliência: habilidade de resistir e reagir de modo positivo em situações adversas.
Superação: dominação; vitória.

Dançando para Não Dançar

O projeto Dançando para Não Dançar foi criado em 1995 para atender crianças de comunidades da cidade do Rio de Janeiro. Oferece às crianças aulas de dança, inglês, alemão e reforço escolar. Além de assistência médica, odontológica e acompanhamento psicológico, fonoaudiologia e assistência social.

Fonte: <www.dpnd.org/conheca-a-dpnd/>. Acesso em: 24 jan. 2019.

ESTUDO DO TEXTO

Apreciação

1. A entrevista se desenvolveu como você esperava?

2. A trajetória da bailarina Ingrid lhe tocou de alguma forma? Como?

Interpretação

1. Copie o quadro e complete-o com elementos do trecho da entrevista que você leu.

Entrevistada	
Entrevistadora	
Onde a entrevista foi publicada	
Para quais leitores a entrevista é dirigida	

2. O texto introdutório apresenta duas partes: a apresentação de Ingrid e do vídeo sobre ela. Qual é a relação entre a apresentação e o vídeo?

3. Releia este trecho final da introdução da entrevista.

> Leia abaixo trechos da conversa da bailarina com o **Cultura ao Minuto**.

   a) O que no trecho indica que a entrevista foi feita oralmente?
   b) A entrevista foi publicada na íntegra? Por quê?

4. Releia as perguntas da entrevista.
   a) Que atividade da entrevistada é o foco da maioria das perguntas?
   b) Com que objetivo a entrevista foi feita?

5. Ao final da entrevista, Ingrid deixa uma mensagem. Releia.

> Nunca desistam dos seus sonhos, por mais impossíveis que pareçam. Nada na vida é impossível. Sonhar é apenas o início de uma longa jornada quando você tem foco.

   a) Em que situação do início de sua vida Ingrid poderia ter desistido de seu sonho?
   b) E quando foi aos Estados Unidos, o que poderia ter feito com que ela desistisse?
   c) Comente com os colegas a mensagem da bailarina. Vocês concordam com a fala de Ingrid?

79

6. Que interesse os leitores do *site* Notícias Minuto e da seção "Cultura ao Minuto" teriam nessa entrevista?

7. Escreva um parágrafo sobre seus sonhos e o que você poderia fazer para realizá-los. Depois, compartilhe com os colegas.

Linguagem

1. Releia a parte inicial da apresentação e observe a expressão destacada.

> Uma das mais promissoras bailarinas de Nova York é negra, brasileira, pouco favorecida financeiramente. Estas palavras não deveriam ser as primeiras usadas para apresentar **um talento nato das sapatilhas** [...].

a) Qual é o sentido da expressão destacada, usada para descrever a bailarina?
   I. Alguém que nasceu com o dom para dançar.
   II. Alguém que tem muito talento, mas não pode utilizar.
   III. Alguém que tem muito talento para usar sapatos de balé.

b) Como a bailarina é apresentada inicialmente?

c) Por que essas palavras, segundo a apresentação, não deveriam ser usadas para descrever Ingrid Silva?

2. Releia este trecho.

> [...] mas o balé costuma ter uma realidade **racista** quase tão limitante quanto a falta de oportunidade agregada à pobreza no Brasil.

a) Qual é o significado do adjetivo **racista**?

b) Segundo a introdução, "o balé costuma ter uma realidade racista". Que crítica você percebe nesse trecho?

c) A que é comparada a realidade racista?

d) Além de criticar o racismo, o que mais é criticado?

3. Releia mais este trecho e observe a parte destacada.

> Para ter a imagem destacada nos cartazes da turnê do Dance Theatre of Harlem que estreará nos Estados Unidos em abril, **foi preciso que o talento de Ingrid fizesse um *pas de deux* com a resiliência.**

Como você viu no glossário, *pas de deux* é uma dança realizada por dois bailarinos.

a) Quem seriam os dois "bailarinos" nesse trecho?

b) Qual é a relação entre a imagem criada nesse trecho e a trajetória de Ingrid?

O QUE APRENDEMOS COM O ESTUDO DE ENTREVISTA

- O título de uma entrevista tem o objetivo de chamar a atenção do leitor para o assunto abordado.
- Antes de fazer a entrevista, é preciso elaborar um roteiro com as perguntas que serão feitas.
- As entrevistas apresentam um **texto de abertura**, que traz informações sobre o entrevistado e os objetivos da entrevista.
- A entrevista é originalmente um texto escrito-oral-escrito, composto de perguntas e respostas, que pode ser publicado em jornais, revistas e na internet.
- As respostas são anotadas ou gravadas. O entrevistador faz uma **transcrição**, ou seja, ouve a gravação e a registra por escrito para publicação.
- A entrevista pode ter um foco, um objetivo específico, como a atividade profissional do entrevistado.
- As entrevistas também podem ser veiculadas em outros meios de comunicação, como televisão, rádio – nesses casos, em seu formato oral.

AQUI TEM MAIS

Dance Theatre of Harlem Ensemble

A Dance Theatre of Harlem Ensemble é uma companhia de *ballet* multiétnica, com 16 integrantes, dos quais dois são brasileiros. Apresenta um repertório que inclui clássicos, obras neoclássicas de George Balanchine e do coreógrafo residente Robert Garland, além de obras contemporâneas inovadoras que usam a linguagem do *ballet* para celebrar a cultura afro-americana.

Para conhecer o trabalho dessa companhia e ver a bailarina Ingrid Silva dançando, assista ao vídeo do *ballet Vessels*, disponível em: <www.dancetheatreofharlem.org/company/repertoire> (acesso em: 15 set. 2018).

Dance Theatre of Harlem. Disponível em: <www.dancetheatreofharlem.org>. Acesso em: 24 jan. 2019.

81

ENTRELAÇANDO LINGUAGENS

Conheça um programa da TV da Rede Cultura de São Paulo, produzido para adolescentes: Repórter Rá Teen Bum. O programa que você vai ver é o de número 8. Ele apresenta três reportagens: uma com um adolescente paulistano, criador de um canal de vídeos da internet sobre heróis negros brasileiros: PH Côrtes. Outra, na Nicarágua, um grupo de jovens que está ajudando a combater a violência contra a mulher. Por fim, uma reportagem sobre brinquedos e brincadeiras preferidos das crianças de todas as regiões do Brasil.

↑ PH Côrtes em evento sobre influenciadores digitais, novembro de 2016.

Assista novamente à reportagem com PH Côrtes e responda às questões a seguir.

1. Qual é a sua opinião sobre a iniciativa de PH Côrtes? Acredita que seja importante um programa sobre personalidades negras brasileiras? Por quê?

2. Logo no início, PH Côrtes se apresenta e, em seguida, fala sobre sua atividade. Que perguntas podem ter sido feitas a ele para que ele respondesse dessa maneira?

3. Apesar de as perguntas não aparecerem no programa, é provável que o repórter as tenha feito para PH Côrtes. Que pergunta você faria a ele, se pudesse entrevistá-lo para uma reportagem?

Verbo: modo subjuntivo

No capítulo anterior, vimos que o indicativo é o modo verbal que expressa ações ou afirmações concretas, que ocorrem com certeza. Neste capítulo, vamos estudar o modo subjuntivo, que expressa ações possíveis, desejos, hipóteses, dúvidas.

1. Leia a tirinha.

a) O personagem representa uma criança. Que sentimento ela expressa? Por quê?

b) Que relação há entre a fala do personagem no primeiro quadrinho e no último?

c) Observe as duas falas do personagem:

> "Nós somos o futuro da humanidade"

> "se não tivéssemos tanto dever de casa"

Identifique qual das frases expressa uma ação ou afirmação que ocorre com certeza e uma ação que indica uma possibilidade.

Os verbos no modo subjuntivo podem ser flexionados nos seguintes tempos:

- **Presente**

Exemplo: O personagem acredita que as crianças talvez **tenham** muita lição de casa.

- **Pretérito imperfeito**

Exemplo: O personagem acredita que se as crianças **tivessem** menos lição, poderiam cuidar do futuro da humanidade.

- **Futuro**

Exemplo: Segundo ele, quando as crianças **tiverem** menos lição, poderão cuidar do futuro da humanidade.

Observe que nos três exemplos o modo subjuntivo expressa uma ação que pode ou não se realizar. Os verbos expressam um desejo, uma possibilidade.

Conheça a conjugação dos verbos regulares no modo subjuntivo.

MODO SUBJUNTIVO		
Presente		
1ª conjugação – AR **cantar**	**2ª conjugação – ER** **vender**	**3ª conjugação – IR** **partir**
cante	venda	parta
cantes	vendas	partas
cante	venda	parta
cantemos	vendamos	partamos
canteis	vendais	partais
cantem	vendam	partam
Pretérito imperfeito		
cantasse	vendesse	partisse
cantasses	vendesses	partisses
cantasse	vendesse	partisse
cantássemos	vendêssemos	partíssemos
cantásseis	vendêsseis	partísseis
cantassem	vendessem	partissem
Futuro		
cantar	vender	partir
cantares	venderes	partires
cantar	vender	partir
cantarmos	vendermos	partirmos
cantardes	venderdes	partirdes
cantarem	venderem	partirem

ATIVIDADES

1. Complete as frases com verbos no modo subjuntivo.
   a) Eu fugiria se ▲ uma onça.
   b) Quando eu ▲ viajar, vou conhecer lugares misteriosos.
   c) Espero que nunca ▲ uma barata em casa.
   d) As pessoas acreditariam em óvnis se ▲ comprovação científica de sua existência.

2. Copie a frase em que está correta a correlação verbal e justifique sua escolha.
   a) Se você trabalhasse, tinha mais resultados.
   b) Se você trabalhasse, tivesse mais resultados.
   c) Se você trabalhar, tinha mais resultados.
   d) Se você trabalha, teria mais resultados.
   e) Se você trabalhasse, teria mais resultados.

3. Leia a notícia.

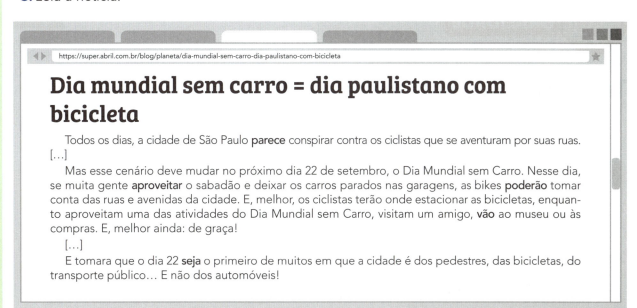

Mônica Nunes. *Superinteressante*, 21 dez. 2016. Disponível em: <https://super.abril.com.br/blog/planeta/dia-mundial-sem-carro-dia-paulistano-com-bicicleta>. Acesso em: 4 fev. 2019.

a) Observe os verbos destacados na notícia e relacione-os aos tempos e modos verbais.
- I. Presente do indicativo.
- II. Presente do subjuntivo.
- III. Futuro do indicativo.
- IV. Futuro do subjuntivo.

b) Quais verbos destacados expressam a ideia de possibilidade, desejo?

4. Leia a tirinha.

a) Por que o personagem considerou romântica a fala do interlocutor?

b) Identifique os verbos no modo subjuntivo do primeiro e terceiro quadrinhos. Em que tempo eles estão conjugados?

c) O modo subjuntivo indica ações possíveis, condição, desejos, hipóteses, dúvidas. Justifique o uso dos verbos no modo subjuntivo do primeiro e terceiro quadrinhos.

Transcrição de entrevista

1. Você vai ler a transcrição de um trecho de uma entrevista realizada oralmente com uma estudante carioca de 15 anos. Foi mantido na transcrição o jeito de falar.

> E: Você falô que pratica esporte na escola. Que que você faz, que esportes são esses?
>
> F: Bom, é, a gente tem que praticá tudo que a professora manda, né? Porque ela que dá aula pra gente, professora de Educação Física. Ela passa, assim, basquete, todos os esportes, handebol, futebol. A gente [tem que] tem que se adaptá nos jogos.
>
> E: Handebol, como é que é handebol? Como é que joga handebol?
>
> F: Ah, handebol. Handebol são sete na linha, é, eu acho, né? É, são sete – não são seis – e um no gol, né? Aí, você – é como futebol, só que em vez de ser com os pés é com as mãos. [...]
>
> E: Tem que sê alto pra jogá handebol? Porque basquete tem que sê... **(risos de E)**, né? Quem é mais alto se sai melhor.
>
> Entrevista estudante, feminino, 15 anos. Falante T11-Mir. Banco de Dados do PEUL/UFRJ. Disponível em: <www.letras.ufrj.br/peul/cen00texto1.html>. Acesso em: 24 jan. 2019. [grifo nosso]

a) Qual é o assunto central desse trecho da entrevista?

b) Identifique na entrevista exemplos de marcas de oralidade: redução de palavras, repetição de palavras, palavras que estabelecem contato entre entrevistado e entrevistador.

2. No trecho destacado no texto, por que as palavras estão entre parênteses?

> A transcrição da entrevista apresenta a fala dos interlocutores e registra o modo de falar: as repetições e redução de palavras, indicações de risos, marcas de interação entre os interlocutores. Esses elementos são próprios da situação comunicativa de uma entrevista oral, gravada e transcrita.

ATIVIDADES

Em dupla

1. Imaginem que a entrevista sobre esportes com a estudante será publicada em uma revista de circulação nacional. Façam a edição do texto, retirando as marcas próprias de oralidade e adaptando-o para a publicação escrita da entrevista.

2. Apresentem a edição da entrevista aos colegas e comentem as mudanças que foram necessárias para adequar a transcrição para a publicação na revista.

Parônimos e homônimos

1. Leia o título das notícias e complete os espaços com as palavras **despensa** ou **dispensa**.

a)

Onça invade ▲ de casa, assusta moradores e mobiliza cidade do Estado

b)

Senado aprova ▲ de visto a turista que vier para as Olimpíadas

c) Qual é o sentido das palavras **despensa** e **dispensa** no título dessas notícias?

> Algumas palavras da língua portuguesa são semelhantes na escrita e na pronúncia, mas têm sentidos diferentes. Essas palavras são denominadas **parônimos**.

Veja, no quadro, outros exemplos de palavras **parônimas**.

deferir	conceder	diferir	adiar
delatar	denunciar	dilatar	aumentar, estender
descrição	representação	discrição	reserva
descriminar	inocentar	discriminar	distinguir
emergir	vir à tona	imergir	mergulhar
emigrante	o que sai do próprio país	imigrante	o que entra em um país
eminente	alto; excelente	iminente	que está a ponto de ocorrer
enformar	colocar em forma; dar forma	informar	avisar
recrear	divertir	recriar	criar de novo
comprimento	extensão	cumprimento	saudação
soar	dar ou produzir som; ecoar	suar	transpirar

2. Leia o título das notícias e complete os espaços com as palavras **seção**, **sessão** ou **cessão**.

a)

CineMaterna terá mais uma ▲ para mães com bebês em Rio Preto

b)

Veja dicas de viagem e lançamentos de livros de turismo na ▲ "Sobrevoo"

c)

Vasco se aproxima de ▲ de terreno para centro de treinamento

d) Qual é o sentido das palavras que você usou para completar o título das notícias?

> Na língua portuguesa algumas palavras têm a mesma pronúncia, mas são escritas de forma diferente e têm sentidos diferentes. Elas são denominadas **homônimos**. Exemplo: sessão, seção e cessão.

Veja, no quadro, outros exemplos de palavras **homônimas**.

acender	colocar fogo	ascender	elevar-se; subir
acento	inflexão de voz; sinal gráfico	assento	lugar de sentar-se
cela	aposento de religiosos e de presidiários	sela	arreio de cavalgadura
censo	recenseamento	senso	juízo
concerto	sessão musical	conserto	reparo; ajuste
coser	costurar	cozer	cozinhar
empossar	dar posse	empoçar	formar poça
paço	palácio real ou episcopal	passo	marcha
sesta	hora do descanso	sexta	redução de sexta-feira
tacha	tipo de prego	taxa	imposto

ATIVIDADES

1. Leia a tirinha e responda às questões.

   a) Qual é o sentido da palavra **acento** na pergunta da personagem Mônica?

   b) Cascão parece não ter entendido o que Mônica disse. Que sentido ele deu à pergunta da amiga?

   c) Qual é o motivo da falha de comunicação entre os personagens?

2. Leia a piada e responda às questões.

   ### Concerto ou conserto?

   O português foi convidado pelo amigo brasileiro para assistir a um concerto de piano. No intervalo do espetáculo o amigo pergunta ao português:
   – E aí? Está gostando do concerto de piano?
   – O gajo toca tão bem que eu nem havia percebido que o piano estava quebrado!

   Luiz Aviz. *Piadas da internet para crianças espertas*. Rio de Janeiro: Record, 2001.

   a) O que o amigo brasileiro queria saber ao fazer a pergunta para o português?

   b) O que produz o humor da piada é a compreensão equivocada da pergunta pelo português. O que ele entendeu?

3. Copie no caderno a alternativa que completa corretamente as frases a seguir.

   I. O ▲ musical foi excelente.
   II. Todos o ▲ pela vitória.
   III. Ele sempre trabalhou na ▲ de livros usados na biblioteca.
   IV. Pelo modo como age, trata-se de um ▲.

   a) concerto, comprimentaram, cessão, cavalheiro.
   b) concerto, cumprimentaram, cessão, cavalheiro.
   c) conserto, comprimentaram, seção, cavaleiro.
   d) conserto, cumprimentaram, sessão, cavaleiro.
   e) concerto, cumprimentaram, seção, cavalheiro.

4. Complete as orações com uma das palavras entre parênteses.

   a) Seu ▲ de humor é ótimo! (censo/senso)
   b) Os ▲ ficaram decepcionados com o final da peça de teatro. (espectadores/expectadores)
   c) Não gosto de perfumes com ▲ de alfazema. (estrato/extrato)

89

PRODUÇÃO ESCRITA

Entrevista

Para começar

Forme um grupo com três colegas para entrevistar uma pessoa do bairro em que vocês moram. O entrevistado deve ter um talento especial: pode ser um artesão, um líder comunitário, um artista do bairro ou alguém que faça algo importante em sua comunidade, como um trabalho de proteção ao meio ambiente, entre outros. A entrevista deverá ser gravada em vídeo, com a devida autorização do entrevistado, e será publicada num canal criado pela turma numa rede de mídia de divulgação de vídeos. Atentem para as etapas do trabalho:

1. uma seleção das melhores respostas do entrevistado transcritas;
2. publicação do vídeo e dos destaques da entrevista em um *blog* ou rede de mídia.

Antes de realizar a entrevista

1. Para entrevistar uma pessoa, vocês precisam, antes, pesquisar um pouco sobre a vida dela. Se essa pesquisa não puder ser feita a distância, vocês podem incluir perguntas sobre a trajetória do entrevistado no roteiro que vão elaborar.

2. Esse roteiro deverá ter perguntas suficientes para se ter um panorama da vida do entrevistado, mas deve ter um foco, um objetivo específico. O importante é a divulgação do trabalho de pessoas da comunidade em que vocês moram. Portanto, façam perguntas que tenham como foco o trabalho do entrevistado e sua importância para a comunidade.

3. Definam os seguintes pontos:
   - A entrevista será realizada na escola ou no lugar onde a pessoa atua?
   - A publicação da entrevista será em qual plataforma de divulgação de vídeos?
   - Qual público vocês desejam alcançar: a comunidade escolar ou a comunidade local?

Lembrem-se de que vocês deverão registrar a entrevista em vídeo. Para a gravação, deixem os celulares parados, bem posicionados, para que a imagem não fique tremida.

4. Com a ajuda do professor, entrem em contato com a pessoa que será entrevistada por seu grupo.
   - Expliquem a essa pessoa que a proposta da entrevista é divulgar a atividade que ela faz em prol da comunidade. Peçam a autorização de uso de imagem por escrito e assinada.

Durante a entrevista

1. Tenham em mãos um bloco de anotações – para escrever novas perguntas ou fazer anotações durante o momento da entrevista –; a câmera de vídeo/celulares; e um gravador.
2. No dia marcado, façam a entrevista.
    - Decidam previamente quanto tempo a entrevista vai demorar.
    - Comecem utilizando o roteiro que vocês prepararam para fazer as perguntas.
    - Você e os colegas podem fazer outras perguntas que não estejam no roteiro, desde que mantenham o foco da entrevista.
3. Filmem também a obra social (o lugar, a placa, o quintal) ou obras do entrevistado (se for um artesão, por exemplo). Tenham várias imagens extras para acrescentar na entrevista durante a edição.

Depois da entrevista

1. Com base nas respostas do entrevistado, escrevam um pequeno texto de introdução.
2. Selecionem as respostas mais significativas que vão fazer parte da publicação da entrevista num *blog*, com o vídeo na íntegra.
3. Vocês podem dar um título sugestivo para o *blog* (por exemplo: Pessoas de valor). O objetivo desse *blog* é divulgar num mesmo lugar todas as entrevistas.
4. A introdução será apresentada (também em forma de vídeo) oralmente, antes do vídeo da entrevista. Será necessário utilizar um editor de vídeo.
5. Apresentem o entrevistado e o que ele faz, e destaquem alguma fala significativa para colocar no texto de introdução.
6. Revejam os vídeos gravados e, com a ajuda do editor, selecionem os melhores trechos.

Compartilhar

1. Com a ajuda do professor, definam de que modo e onde os vídeos serão publicados.
2. Convidem a comunidade – pais, vizinhos da escola e outros alunos – para assistirem aos vídeos.
3. Divulguem o vídeo nas redes sociais da escola, assim ele poderá ser visto por mais pessoas.

DICAS

▶ ASSISTA

O menino e o mundo, Brasil, 2013. Direção: Alê Abreu, 85 min.
Menino deixa a aldeia onde mora e sai em busca do pai, que partiu para arrumar trabalho na "cidade grande". O que ele descobre é um mundo dominado por máquinas-bichos e estranhos seres.

TV Piá: <http://tvbrasil.ebc.com.br/tvpia>. Televisão pública nacional na *web* que busca mostrar a diversidade cultural das crianças do país, dando o microfone para meninos e meninas, que assumem o controle do programa.

📍 VISITE

Museu Afro Brasil: Avenida Pedro Álvares Cabral, Portão 10, s/n – Parque Ibirapuera, São Paulo – SP. Acervo de 6 mil obras, produzidas entre o século XVIII e os dias de hoje, abarcando aspectos dos universos culturais africanos e afro-brasileiros. Para mais informações: <www.museuafrobrasil.org.br>.

Escultura produzida pelo Greenpeace em praia das Filipinas.

UNIDADE 4

Venha participar da campanha!

NESTA UNIDADE
VOCÊ VAI:

- conhecer propagandas de campanha;
- entender o uso do verbo no modo imperativo em propagandas;
- compreender argumentos e estratégias de persuasão;
- produzir uma propaganda e uma campanha;
- analisar situações de desrespeito ao Código de Defesa do Consumidor.

1. Essa imagem é da escultura de uma baleia-azul, criada pela ONG Greenpeace. Essa obra lhe parece realista, à primeira vista? Por quê?
2. Pela imagem, é possível perceber de que material a escultura foi feita?
3. Como você imagina que a população desse lugar reagiu ao ver, pela primeira vez, essa escultura na praia?
4. Por que será que uma instituição como o Greenpeace fez uma escultura como essa?

CAPÍTULO 1

Neste capítulo, você vai explorar o gênero propaganda de campanha, conhecer algumas de suas características e estudar o uso do verbo no modo imperativo nas propagandas.

ANTES DE LER

A escultura que você viu na abertura faz parte de uma campanha do Greenpeace.

1. Você sabe o que é uma campanha?

2. As propagandas 1 e 2 são de campanhas do agasalho. A 3 e a 4 são de campanha de vacinação.

　a) Qual é o objetivo dessas propagandas?

　b) A que público elas são dirigidas? Que recursos visuais e verbais comprovam sua resposta?

　c) Onde, em sua opinião, essas propagandas foram veiculadas? Justifique a resposta.

3. Você conhecerá duas propagandas que fazem parte de campanhas contra a poluição por plásticos.

　a) Pelo que você viu até agora, o que é uma propaganda de campanha?

　b) Como você imagina que seria uma propaganda contra a poluição por plásticos?

 **LEITURA**

A propaganda que você lerá faz parte de uma campanha da prefeitura do município de Itapoá, em Santa Catarina. A campanha foi promovida em 2018, na Semana do Meio Ambiente.

Prefeitura Municipal de Itapoá. Disponível em: <https://static.fecam.net.br/uploads/752/arquivos/1245251_Dia_do_Meio_Ambiente_2018_SEMAI.pdf>. Acesso em: 24 jan. 2019.

O **Instituto Ecosurf** foi fundado no ano 2000. É uma organização não governamental, sem fins lucrativos, dedicada ao empoderamento dos surfistas para a atuação em causas públicas, proteção de rios, ondas e oceanos, bem como na educação socioambiental.

 ESTUDO DO TEXTO

Apreciação

1. O que mais chamou sua atenção na propaganda? Por quê?

2. Qual seria o tema da campanha para a qual essa propaganda foi produzida?

Interpretação

1. A propaganda pode ser dividida em duas partes: "Estamos numa onda contra a poluição de plástico" e "O que você pode fazer?".

    a) Na primeira parte, há uma comparação entre o microplástico e as estrelas. O que essa comparação ressalta?

    b) Quem seria **você** na frase "O que você pode fazer?"?

    c) Considerando a instituição que assina a propaganda (Ecosurf), qual é a função da segunda parte da propaganda?

2. Essa propaganda faz parte de uma campanha que foi promovida na Semana do Meio Ambiente 2018, na cidade de Itapoá (SC).

    a) A que público essa propaganda é dirigida, ou seja, qual é o público-alvo?

    b) Qual seria o possível motivo pelo qual a cidade de Itapoá promoveu essa campanha na Semana do Meio Ambiente? Leia o boxe **Aqui tem mais** para obter mais informações sobre a cidade.

 AQUI TEM MAIS

Itapoá

É um município do norte catarinense com belas praias, cachoeiras e rios, além de Mata Atlântica preservada e mangues repletos de animais e aves da região. Suas praias têm características diferentes para agradar desde surfistas até famílias em férias.

O centro do município é Itapoá, onde fica a Pedra que dá nome à cidade (nome de origem indígena, *ita* significa "pedra" e *poá*, "ponta").

Além das praias, Itapoá tem dois povoados voltados à agricultura – Jaguaruna e Saí-Mirim –, locais de muita beleza, com seus morros e campos. A cidade conta ainda com o Porto de Itapoá, com capacidade para escoar 300 mil contêineres por ano.

↑ Barcos de pesca na Praia Itapoá, Itapoá, 2013 (SC).

Fonte: <www.itapoa.sc.gov.br/municipio/index/codMapaItem/18562>. Acesso em: 12 set. 2018.

3. Releia a segunda parte da propaganda.
   a) Como você imagina que o plástico chega ao oceano?
   b) Que objetos feitos de plástico são utilizados na praia e podem ser recusados?
   c) Quais das ações propostas, em sua opinião, podem ser realizadas por você?

4. A propaganda de campanha social busca convencer o público-alvo de uma ideia. Qual é, nessa propaganda, o principal argumento utilizado para atingir esse objetivo?

5. No final da propaganda há ícones de redes sociais. Em sua opinião, por que esses ícones foram apresentados na propaganda?

6. Observe agora outra propaganda da mesma campanha.
   a) Quais são as semelhanças entre essa propaganda e a apresentada na **Leitura**?
   b) E quais são as diferenças?

Linguagem

1. Que cor e imagem predominam na propaganda? Por quê?

2. Qual é a relação entre a imagem e a linguagem verbal na propaganda?

3. Releia as frases que estão nos quadros pretos e no quadro branco.
   a) Por que foram utilizadas as cores preta e branca como fundo?
   b) Quais são os dois sentidos da palavra **onda** na primeira frase? Procure essa palavra no dicionário e escolha dois sentidos mais adequados ao contexto.
   c) Qual é a relação entre a frase "estamos numa onda" e a instituição Ecosurf?
   d) Com que finalidade a propaganda utiliza letras de vários tamanhos?

4. Releia este trecho:

✓ Recuse o plástico descartável.
✓ Utilize garrafas de água retornável.
✓ Substitua embalagens plásticas por de papel.

a) Que palavras são dirigidas diretamente ao leitor para a realização de uma ação?

b) Que ideia essas palavras expressam? Copie a resposta correta no caderno.

| Um convite. | Uma sugestão. | Uma ordem. | Um pedido. |

AQUI TEM MAIS

O Greenpeace e a escultura da baleia-azul

O Greenpeace é uma organização não governamental que surgiu em 1971, quando um grupo de ativistas quis impedir os EUA de fazer testes nucleares no Alasca. Para conseguir fundos para levar adiante o projeto, o grupo passou a vender broches. *Green* (verde) e *peace* (paz) eram as palavras de ordem do movimento. Como não cabiam separadas no broche, surgiu o nome Greenpeace.

O grupo cresceu e, de lá para cá, conseguiu muitas vitórias em favor do meio ambiente ao redor do mundo, inclusive no Brasil.

↑ Animal era um jovem adulto com cerca de 10 metros de comprimento.

Em 2017, o Greenpeace Filipinas e a agência Dentsu Jayme Syfu ergueram a escultura realista de uma baleia azul feita de sacos de lixo, garrafas, copos e recipientes descartáveis. O objetivo da ação foi conscientizar a população sobre a poluição dos oceanos por resíduos plásticos.

A prova de que a imagem impactante da escultura da baleia azul não é exagero é um fato ocorrido em 2016, na Espanha: uma baleia cachalote encalhou, morta, numa praia da região autônoma de Múrcia. A autópsia revelou que havia 29 quilos de lixo plástico dentro dela.

Fontes: <www.enigmasdouniverso.com/greenpeace-choca-o-mundo-com-uma-enorme-escultura-de-baleia-azul-cheia-de-lixo-em-nova-campanha/>; <www.theuniplanet.com/2017/05/baleia-de-plastico-filipinas.html>. Acessos em: 13 set. 2018.

ESTUDO DA LÍNGUA

A argumentação

Disponível em: <https://nacoesunidas.org/meioambiente>. Acesso em: 13 set. 2018.

1. O Dia Mundial do Meio Ambiente acontece todos os anos em 5 de junho. O cartaz ao lado faz parte de uma campanha sobre esse dia. Ele foi produzido pela ONU Meio Ambiente.

   a) Qual é a ideia defendida no cartaz?

   b) De que modo os elementos da linguagem não verbal expressam essa ideia?

   c) O verbo **recuse** está conjugado no modo imperativo. Que sentido ele expressa no cartaz: um pedido, um convite, uma ordem ou um conselho?

   d) Justifique o uso do verbo no modo imperativo no cartaz de campanha.

   e) Explique o uso da cor rosa no verbo **recuse**.

> O modo imperativo é bastante utilizado nas propagandas como estratégia para persuadir o leitor, levá-lo a fazer o que é sugerido no formato de ordem. É uma maneira de chamar sua atenção e convencê-lo de uma ideia. O imperativo pode apresentar-se tanto na forma afirmativa quanto na negativa. Veja:
>
> - **Recuse** objetos feitos de plástico não reciclável.
> - **Não use** objetos feitos de plástico não reciclável.

! CURIOSO É...

O vídeo da tartaruga que viralizou

Como você viu, no ano de 2018 o tema da Semana do Meio Ambiente foi a poluição plástica nos mares e oceanos.

Um dos disparadores dessa campanha foi um vídeo chocante de 2015, que se tornou viral – largamente assistido pela população que acessa as redes sociais –, com mais de 4 milhões de visualizações até julho de 2018. O vídeo mostra o sofrimento de uma tartaruga marinha causado por um plástico (possivelmente um canudo) alojado em sua narina e o esforço de uma equipe de pesquisa, na Costa Rica, para retirar o objeto.

Para saber mais informações sobre esse assunto e assistir ao vídeo, acesse: <https://noticias.uol.com.br/meio-ambiente/ultimas-noticias/redacao/2015/08/21/biologos-tiram-canudo-de-nariz-de-tartaruga.htm>. Acesso em: 13 set. 2018.

2. Leia outro cartaz que faz parte da mesma campanha e responda às questões.

Disponível em: <https://nacoesunidas.org/meioambiente>. Acesso em: 13 set. 2018.

a) Que informações são apresentadas no cartaz?
b) Com que finalidade esses dados foram apresentados ao leitor do cartaz da campanha?
c) Qual é a relação entre as informações do cartaz e o Dia Mundial do Meio Ambiente?

Para convencer o leitor sobre uma ideia, há várias estratégias que podem ser utilizadas. Nos cartazes da campanha do Dia do Meio Ambiente, as cores, os objetos escolhidos, o verbo no imperativo, os dados numéricos são argumentos para convidar o leitor a mudar de comportamento e passar a recusar objetos de plástico que não podem ser reutilizados.

3. Vocês já haviam pensado na poluição plástica?
a) Em que situações do cotidiano vocês reconhecem esse problema? Deem exemplos observados na escola, em casa e nos espaços públicos da cidade.
b) Que sugestões vocês podem dar às pessoas para que elas diminuam o uso do plástico nas situações descritas na propaganda da atividade anterior?

ATIVIDADES

1. Leia o cartaz de uma campanha feita durante a Semana Mundial de Segurança no Trânsito, promovida pelo Movimento Paulista de Segurança no Trânsito e o Departamento de Trânsito de São Paulo (Detran-SP).

Disponível em: <www.segurancanotransito.sp.gov.br/images/campanha/PDF/Foca%20no%20Transito_Cartaz%20Cinto.pdf>. Acesso em: 13 set. 2018.

a) Que relação pode ser estabelecida entre o cartaz e a época em que a campanha foi divulgada?
b) Qual é a finalidade do cartaz?
c) Qual é a função dos dados de acidentes com mortes apresentados no cartaz?
d) Que sentido tem a forma verbal **foca** em "Foca no trânsito"?
e) A forma verbal **foca** está conjugada no modo imperativo. Qual é a ideia do uso do imperativo no cartaz?
f) Com que finalidade o animal foca foi usado na propaganda? Copie as respostas corretas no caderno.
   - Produzir o efeito de humor.
   - Mostrar um exemplo de comportamento.
   - Chamar a atenção do leitor.
   - Despertar o interesse das crianças.

CAPÍTULO

Neste capítulo, você vai conhecer mais uma propaganda de campanha, produzir uma propaganda e uma campanha, além de analisar situações de desrespeito ao Código de Defesa do Consumidor.

A propaganda a seguir foi desenvolvida para uma campanha do município de Japurá, que fica no estado do Paraná. Observe-a.

- Que elementos ela contém?

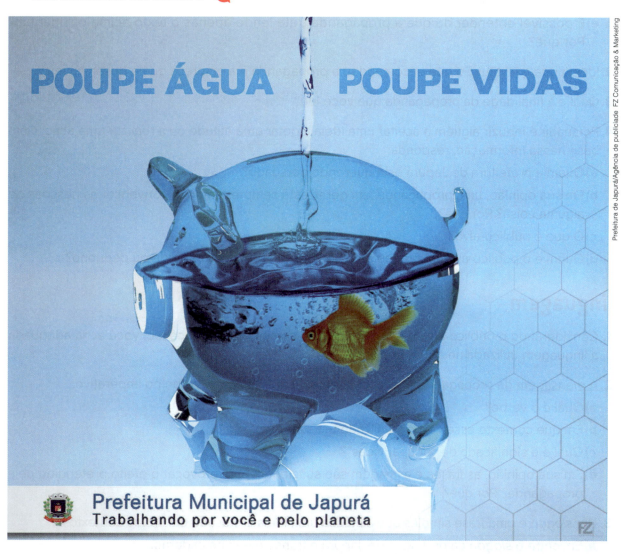

103

Apreciação

1. O que mais chamou sua atenção na propaganda?

2. Qual parece ser a finalidade dela?

Interpretação

1. Releia a propaganda.
   a) Qual é o tema dela?
   b) Que elementos remetem ao tema da propaganda?
   c) Que ideia a imagem do cofrinho de porquinho transmite?
   d) Por que há um peixe dentro do cofrinho?
   e) É possível entender do que a propaganda trata lendo apenas o texto acima da imagem? Por quê?

2. Identifique a instituição que encomendou a propaganda e a empresa que a desenvolveu.

3. Qual é a finalidade da propaganda que você leu?

4. Persuadir é induzir alguém a aceitar uma ideia, adotar uma atitude ou a realizar uma ação. Com base nessa informação, responda:
   a) Quem a prefeitura de Japurá está querendo persuadir?
   b) Em sua opinião, uma propaganda, em geral, está sempre tentando convencer as pessoas de alguma coisa? Por quê?
   c) O que é público-alvo?
   d) Quem é o público-alvo da propaganda analisada? É um grupo grande ou pequeno?

Linguagem

1. Considerando o público-alvo da propaganda de campanha que você leu, você acha adequada a linguagem utilizada nela? Por quê?

2. A mensagem da propaganda é composta de duas frases com o verbo no imperativo.
   a) Qual é o verbo?
   b) Em que contexto esse verbo é utilizado usualmente?
   c) Qual é o significado de "poupar vidas"?
   d) Em sua opinião, as frases e a imagem são suficientes para provocar o efeito pretendido pela propaganda? Por quê?

3. Um *slogan* é uma frase simples que sintetiza uma ideia e é usado em vários contextos.
   a) Encontre o *slogan* da prefeitura de Japurá e transcreva-o no caderno.
   b) O *slogan* da prefeitura está alinhado com a proposta da propaganda? Justifique sua resposta.

O QUE APRENDEMOS COM O ESTUDO DE PROPAGANDA DE CAMPANHA SOCIAL

- A propaganda de campanha social é composta de linguagem verbal e linguagem não verbal.
- O texto geralmente utiliza verbos no modo imperativo.
- A mensagem é, em geral, breve, direta e positiva.
- A propaganda usa diferentes recursos para se aproximar do leitor e chamar a atenção: linguagem, imagens, cores, textos com letras em tamanhos grandes, entre outros.
- O objetivo das propagandas de campanha é influenciar, persuadir as pessoas a adotar uma ideia e motivá-las a uma mudança de atitude.
- As propagandas também podem ter a intenção de promover ações relacionadas à cidadania: culturais, sociais, educacionais, de preservação ambiental, entre outras.
- Muitas instituições podem assinar propagandas de campanha social: ONGs, organizações, prefeituras, fundações de empresas privadas etc.

Você sabe o que é pegada ecológica?

Nossa passagem pelo planeta deixa rastros, pegadas. Para manter nosso estilo de vida – alimentação, transporte, roupas, passeios, casa etc. – consumimos os recursos naturais. Isso não é feito diretamente, mas por meio do consumo além da conta de produtos nem sempre tão úteis. Quer exemplos? Optamos por levar nossa própria sacola ao supermercado ou trazemos tudo embalado em vários sacos plásticos? Apagamos as luzes ao sair do ambiente ou deixamos a casa como uma árvore de Natal?

Podemos escolher que tipo de mundo vamos deixar para nossos filhos, sobrinhos, netos. Você é muito jovem para pensar nisso? Não! A hora é agora! Não podemos deixar um mundo pior do que encontramos e um exemplo está na poluição dos oceanos por matéria plástica.

Quer saber qual é sua pegada?

Acesse o *site*, faça o teste e verifique o tamanho da sua pegada. Em seguida, com os colegas e o professor, verifique qual é a pegada da turma.

Fonte: <www.pegadaecologica.org.br/2015/index.php>. Acesso em: 13 set. 2018.

Discutam as questões a seguir após o teste.

1. Que ações cotidianas a turma pode realizar para diminuir essa pegada?
2. Como é possível divulgar para sua comunidade formas de calcular a pegada e de diminuir o consumo de recursos naturais?

ESTUDO DA LÍNGUA

Formas nominais

Leia a tirinha.

1. Por que Garfield não concorda com a afirmação de seu tutor?

2. Observe os verbos destacados no período: "As crianças estão **tocando** a campainha e **correndo**". Que ideia eles expressam: ação terminada ou ação que ainda está acontecendo?

As formas nominais do verbo são: infinitivo (pessoal e impessoal), gerúndio e particípio.

O **infinitivo** apresenta o processo verbal em si mesmo, sem nenhuma noção de tempo ou de modo. Exemplo: Minha garota vai **chegar** a qualquer instante.

O infinitivo pessoal pode ser flexionado para concordar em número e pessoa com o ser a que se refere. Exemplo: Garfield fez as crianças **fugirem**.

O **gerúndio** expressa ações que ainda estão em andamento ou uma ação que está sendo feita no mesmo momento que outra. Exemplo: Enquanto o rapaz espera a namorada, Garfield está **jogando** água nela.

O **particípio** expressa ações que já foram concluídas. Exemplo: **Terminada** a brincadeira, todos foram para casa.

O particípio pode ser **regular** ou **irregular**. Veja o quadro a seguir.

Infinitivo	Particípio regular	Particípio irregular
aceitar	aceitado	aceito
acender	acendido	aceso
corromper	corrompido	corrupto
cozinhar	cozinhado	cozido
eleger	elegido	eleito
encher	enchido	cheio
entregar	entregado	entregue

Infinitivo	Particípio regular	Particípio irregular
expressar	expressado	expresso
expulsar	expulsado	expulso
fixar	fixado	fixo
fritar	fritado	frito
gastar	gastado	gasto
imprimir	imprimido	impresso
libertar	libertado	liberto

Infinitivo	Particípio regular	Particípio irregular
matar	matado	morto
morrer	morrido	morto
ocultar	ocultado	oculto
omitir	omitido	omisso

Infinitivo	Particípio regular	Particípio irregular
prender	prendido	preso
restringir	restringido	restrito
segurar	segurado	seguro
suspender	suspendido	suspenso

Quando o verbo tem particípio regular e irregular, o uso depende do verbo que o acompanha.

- Verbos auxiliares **ter** e **haver** + particípio regular.
  Exemplos: Garfield **tinha suspeitado** das crianças./Garfield **havia suspeitado** das crianças.
- Verbos auxiliares **ser** e **estar** + particípio irregular.
  Exemplo: O engano de Garfield **estava oculto**.

ATIVIDADES

1. Leia a notícia.

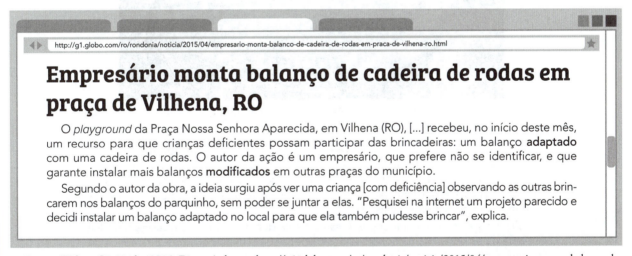

Empresário monta balanço de cadeira de rodas em praça de Vilhena, RO

O *playground* da Praça Nossa Senhora Aparecida, em Vilhena (RO), [...] recebeu, no início deste mês, um recurso para que crianças deficientes possam participar das brincadeiras: um balanço **adaptado** com uma cadeira de rodas. O autor da ação é um empresário, que prefere não se identificar, e que garante instalar mais balanços **modificados** em outras praças do município.

Segundo o autor da obra, a ideia surgiu após ver uma criança [com deficiência] observando as outras brincarem nos balanços do parquinho, sem poder se juntar a elas. "Pesquisei na internet um projeto parecido e decidi instalar um balanço adaptado no local para que ela também pudesse brincar", explica.

Dennis Weber. *G1*, 20 abr. 2015. Disponível em: <http://g1.globo.com/ro/rondonia/noticia/2015/04/empresario-monta-balanco-de-cadeira-de-rodas-em-praca-de-vilhena-ro.html>. Acesso em: 7 fev. 2019.

a) Observe as palavras **adaptado** e **modificados**, destacadas no texto. O que eles indicam: uma ação finalizada, uma ação em andamento ou valor de adjetivo?

b) Em que forma nominal estão os verbos **adaptado** e **modificados**?

c) Releia o período: "ver uma criança [com deficiência] observando as outras brincarem nos balanços do parquinho, sem poder se juntar a elas". O que o verbo **observando** indica sobre a ação da criança?

d) Em que forma nominal está o verbo **observando**?

e) Na oração "observando as outras brincarem nos balanços do parquinho", justifique o uso do infinitivo pessoal do verbo **brincar**.

ENTRELAÇANDO LINGUAGENS

O uso do plástico é um tema controverso. Esse material está presente em vários objetos de nosso cotidiano, mas causa muitos problemas na hora do descarte. Você vai ler trechos de um artigo de opinião que fala sobre o uso do plástico.

Plástico, como seria bom voltar no tempo e desinventá-lo

Garrafas de plástico em usina de reciclagem em Wuhan, China, 2008.

[...]
O plástico tem causado danos terríveis ao meio ambiente e à saúde humana. Em menos de 100 anos, quando se iniciou seu uso em larga escala, o estrago tem sido avassalador e crescente. [...] Na verdade, a culpa não é do plástico em si e nem de seus inventores, mas da irresponsabilidade dos que o usam em larga escala, já que hoje é vasta a evidência dos seus efeitos nefastos.

O plástico passou a ser utilizado em maior escala durante a Segunda Guerra Mundial por conta da escassez de materiais comuns à época como metais e vidros. Em menos de 100 anos, o plástico transformou o mundo e, infelizmente, na maioria dos casos não para melhor! O fato é que hoje estamos tão acostumados a facilidades que os utensílios plásticos nos propiciam, que nem imaginamos a vida sem ele. Em muitas situações, ajudou e ajuda a resolver problemas sérios para a humanidade, mas na maioria dos casos seu uso é totalmente irresponsável pela falta de perspectivas de solucionar seus efeitos.

[...] As notícias sobre danos causados por plásticos à fauna e ao ambiente se sucedem pelas redes sociais e outros meios de comunicação. São baleias, golfinhos, peixes, tartarugas, arraias que morrem ao ingerir plásticos ou por se atrelarem a dejetos encontrados nos oceanos. Este é o resultado do acúmulo de lixo desproporcional jogado nos mares. [...]

Suzana Padua. Plástico: como seria bom voltar no tempo e desinventá-lo. *O Eco*, 12 jan. 2017. Disponível em: <www.oeco.org.br/colunas/suzana-padua/plastico-como-seria-bom-desinventa-lo/>. Acesso em: 13 set. 2018.

1. Qual é a posição defendida no texto sobre o uso do plástico?

2. O texto aponta aspectos positivos sobre o uso do plástico. Quais são eles?

3. Que argumentos são usados no artigo para defender o fim do uso do plástico?

4. Releia um trecho do texto.

> Em menos de 100 anos o plástico transformou o mundo e, **infelizmente**, na maioria dos casos não para melhor!

- Que sentido a palavra destacada no trecho expressa sobre o plástico? Copie a resposta correta no caderno.

   a) Defesa do uso do plástico.

   b) Opinião favorável ao uso.

   c) Opinião contrária ao uso.

   d) Expressão de neutralidade sobre o uso.

5. Observe a expressão em destaque no trecho a seguir.

> **Na verdade**, a culpa não é do plástico em si e nem de seus inventores, mas da irresponsabilidade dos que o usam em larga escala [...].

- Que sentido a expressão acrescenta ao texto?

6. Observe a palavra em destaque.

> Em muitas situações, ajudou e ajuda a resolver problemas sérios para a humanidade, mas na maioria dos casos seu uso é **totalmente** irresponsável pela falta de perspectivas de solucionar seus efeitos.

a) Que palavra poderia substituir o termo em destaque mantendo o mesmo sentido?

b) Que sentido a palavra **totalmente** acrescenta ao texto?

DICAS

▶ ASSISTA

Você come e muda o planeta. 3 min. Uma das atividades que mais utiliza recursos naturais – água, energia, minerais, solo – é a produção de alimentos para consumo humano e de animais. O objetivo desse vídeo é questionar como nós, como consumidores, utilizaremos a natureza para a produção de alimentos quanto pensando no futuro da vida na Terra. Disponível em: <www.youtube.com/watch?v=uNFHVC9Q8Y0>. Acesso em: 13 set. 2018.

A história das coisas. EUA, 2007. Direção: Louis Fox, 22 min. Documentário que mostra etapas de produção de objetos de consumo – extração, produção, venda, consumo e descarte – que afetam nossa vida e comunidades em diversos países. Disponível em: <www.unasp.br/blog/documentario-a-historia-das-coisas/>. Acesso em: 17 out. 2018.

↖ ACESSE

Campanhas Multirio. Peças educativas que incentivam hábitos de preservação do meio ambiente, o prazer de ler e a promoção da saúde. Disponível em: <www.multirio.rj.gov.br/index.php/assista/videoteca?mult=&cat=&tip=&proj=8639&pag=1&txt=&ord=>. Acesso em: 17 set. 2018.

Greenpeace. *Site* da organização no Brasil. Conheça as iniciativas do Greenpeace pela proteção do meio ambiente em nosso país e descubra como você pode participar. Disponível em: <www.greenpeace.org/brasil/>. Acesso em: 17 out. 2018.

📖 LEIA

Meu planeta rima com água, de César Obeid (Moderna). Livro de poemas sobre a importância da água e dos recursos naturais em geral.

Grafia de verbos irregulares

1. Leia o trecho de uma reportagem.

Onça-pintada criada em reserva no AP é filmada dando cambalhota

Criada desde que era filhote em cativeiro, a onça-pintada "Miau", de 12 anos, é uma das principais atrações da Reserva Particular do Patrimônio Natural [...] no município de Santana, distante 17 quilômetros de Macapá. [...]

O administrador da reserva, Paulo Amorim, conta que **começou** a perceber o comportamento da "Miau" quando ela tinha nove meses de vida. Ele acredita que a onça dá as cambalhotas quando quer brincar.

"Eu sempre **peço** para ela fazer [cambalhotas]. É uma menina muito dócil e carinhosa. Todos que chegam aqui gostam dela. Isso que ela faz é uma forma de agradecer ao público que vem aqui visitá-la", afirmou.

Cassio Albuquerque. *G1*, 17 mar. 2015. Disponível em: <http://g1.globo.com/ap/amapa/noticia/2015/03/onca-pintada-criada-em-reserva-no-ap-e-filmada-dando-cambalhota.html>. Acesso em: 4 fev. 2019.

a) A onça-pintada Miau foi destaque em uma reportagem. Por que esse animal chamou a atenção dos jornalistas?

b) Observe os verbos **começou** e **peço**, destacados no texto. Qual é o infinitivo desses verbos?

c) A que conjugação esses verbos pertencem: 1ª (-ar), 2ª (-er) ou 3ª (-ir)?

> Os verbos são classificados em **regulares** ou **irregulares**.
>
> Os regulares são conjugados de acordo com modelos em que não há mudanças na estrutura da palavra. Exemplo: começar, contar, acreditar.
>
> Os irregulares sofrem alterações no radical ou nas terminações. Exemplo: medir, pedir.

Conheça alguns verbos irregulares.

- **Pedir**: eu peço, tu pedes.
- **Trazer**: eu trago, tu trazes.
- **Caber**: eu caibo, tu cabes.
- **Poder**: eu posso, tu podes.
- **Por**: eu ponho, tu pões.
- **Ouvir**: eu ouço, tu ouves.

ATIVIDADES

1. Complete com os verbos irregulares no tempo indicado.

    a) Eles ▲ muitos amigos, mas todos ▲ embora. (ter – pretérito imperfeito do indicativo; ir – pretérito perfeito do indicativo)

    b) Se ele ▲ mais esperto, ▲ o que está acontecendo. (ser – pretérito imperfeito do subjuntivo; ver – futuro do pretérito do indicativo)

    c) Quando ▲ o professor, pergunte qual foi o resultado da prova. (ver – futuro do subjuntivo)

    d) Quando você ▲, venha nos visitar. (querer – futuro do subjuntivo)

2. Copie no caderno a alternativa em que os verbos **medir**, **valer** e **caber** estão conjugados corretamente na 1ª pessoa do singular do presente do indicativo.

    a) meço, valo, cabo

    b) meço, valho, caibo

    c) meço, valo, caibo

    d) mido, valho, caibo

3. O verbo **ver** está conjugado a seguir em alguns tempos verbais, mas faltam conjugações. Copie o quadro no caderno e preencha corretamente os espaços.

	Presente	Pretérito perfeito	Pretérito imperfeito
eu	vejo	vi	via
tu	vês		vias
ele/ela	vê		via
nós	vemos	vimos	
vós		vistes	víeis
eles/elas		viram	viam

4. Leia as duas frases a seguir.

    > O cientista pretende pesquisar animais que **existem** naquela floresta.
    > O cientista pretende pesquisar animais que **existam** naquela floresta.

    • Na primeira frase o verbo em destaque está no presente do indicativo; na segunda, no presente do subjuntivo. Explique a diferença de sentido que essas formas estabelecem entre as duas frases.

5. Assinale a alternativa com o verbo destacado conjugado de modo incorreto.

    a) Ficaremos satisfeitos se **mantivermos** a biblioteca arrumada.

    b) Seria importante que todos **trouxessem** o livro no dia combinado.

    c) Quando o compositor **compor** a canção, poderá divulgar na internet.

    d) Quando eu chegar no estádio, é provável que **haja** um lugar reservado para mim.

    e) Se **quiser**, irei ao cinema com você.

Campanha e propaganda de campanha

Você e sua turma organizarão uma campanha institucional com a orientação do professor. Dessa campanha farão parte várias propagandas que poderão ser divulgadas em meios diversos, por exemplo, *podcast*, cartazes pela escola, folhetos, *blog* da escola.

Lembre-se de que, para alguns meios de divulgação, será necessário produzir material específico, como para o *podcast* e o folheto. Na seção **Antes de ler**, você pode ver que, para a campanha do agasalho, foram elaborados um folheto e um cartaz, cada qual com uma finalidade específica.

Para começar

1. O professor organizará a turma em grupos para criar propagandas. A instituição responsável pela campanha e pelas propagandas será a escola.
2. A campanha deverá promover ideias úteis à comunidade escolar. Você e os colegas poderão fazer uma pesquisa, entre os membros da comunidade escolar, para saber quais são os temas mais relevantes para todos. Vejam algumas possibilidades:
   - incentivar a economia de água na escola;
   - estimular o respeito entre pedestres, ciclistas e motoristas;
   - diminuir o consumo de material plástico;
   - divulgar algum outro tema de interesse coletivo.
3. Façam uma pesquisa sobre as ações que serão necessárias para divulgar a campanha. A turma poderá acessar, por exemplo, o material da campanha da cidade de Itapoá.
   - Disponível em: <https://static.fecam.net.br/uploads/752/arquivos/1245251_Dia_do_Meio_Ambiente_2018_SEMAI.pdf>. Acesso em: 4 set. 2018.

Planejar

1. Depois de decidida a campanha, redija, com os colegas da turma, uma frase comum a todas as propagandas, que as identifiquem com a campanha. Observe, por exemplo, que a campanha do agasalho da seção **Antes de ler** apresenta nos dois materiais a mesma frase, como um *slogan*.
2. Decida também com os colegas quantos e como serão os materiais da campanha.

   Haverá propagandas com propostas diferentes? Com que informações? Que informações serão gravadas no *podcast*? Como a propaganda vai compor um cartaz ou folheto? Com que informações? Conversem entre si e anotem as ideias que surgirem. Este roteiro pode ajudá-los no planejamento:
   - Sobre o que será a propaganda do grupo?
   - A quem ela será dirigida?
   - Que ação se espera do leitor em relação à campanha?
   - Quais informações serão usadas para convencer o receptor a participar da campanha?
   - Que imagens farão parte da propaganda?
   - Quais recursos serão usados para aproximar o receptor? Cores de fundo, tamanho de letras, imagens de fundo etc.

Criar

1. Façam um esboço da propaganda institucional. Lembrem-se de:
- usar linguagem adequada ao público-alvo com frases curtas que chamem a atenção (*slogans*);
- empregar verbos que exprimam um pedido ou uma ordem;
- decidir o tipo de letra que poderá atrair o leitor;
- utilizar cores chamativas;
- empregar linguagem adequada ao público-alvo;
- criar uma imagem que sintetize a mensagem que vocês querem transmitir: pode ser feita de recortes ou desenhos.
2. Para a propaganda escrita, que será divulgada num cartaz, folheto, *blog* ou outra rede de mídia, façam um rascunho da primeira versão dela. Em uma folha de papel sulfite, esbocem onde serão colocados o texto, as imagens, o logotipo (se houver) e nome da escola, bem como o *slogan*.
3. Para o *podcast*, escrevam um texto que depois será memorizado e gravado. Utilizem o mesmo *slogan* para caracterizar que esse áudio faz parte da mesma campanha.
4. É possível combinar com os outros grupos as diferentes mensagens que serão gravadas nos diversos *podcasts*.

Avaliar

1. Verifiquem se a mensagem:
- atrai a atenção do público, é curta e objetiva;
- convence o público-alvo a uma mudança de comportamento;
- contém verbos no imperativo;
- apresenta as linguagens visual e verbal de modo adequado ou se pode ser mudada.
2. O texto que será gravado no *podcast* está objetivo? Poderia ser mais curto? Ter outras dicas?

Rever

1. Revisem os textos para corrigir eventuais erros de ortografia e acentuação.
2. Utilizem o computador para acessar os recursos de editores de texto a fim de criar as mensagens com letras de diferentes tamanhos e cores chamativas para gerar impacto.
3. Façam cartazes e folhetos com as propagandas.
4. Gravem as mensagens de *podcast*.

Compartilhar

1. Escolham locais visíveis da escola para afixar os cartazes.
2. Fotografem e publiquem as propagandas no *blog* ou rede social da escola. Vocês podem publicar uma propaganda por dia para manter a campanha por um tempo no ar.
3. Enviem as mensagens de *podcast* também em diferentes dias.

CONSTRUIR UM MUNDO MELHOR

Os direitos do consumidor e as relações de consumo

Você conhece o Código de Defesa do Consumidor? É a Lei nº 8.078, de 11 de setembro de 1990, que estabelece normas de proteção e direitos do consumidor.

Essa lei foi criada para reduzir a desigualdade na relação de consumo, já que o consumidor é a parte mais fraca e precisa de proteção. Você consegue imaginar por quê? Discuta com o professor e os colegas.

Pode parecer que esse assunto não é tão importante para sua vida. No entanto, todos nós somos consumidores, e o tempo todo recebemos produtos ou serviços. Isso pode ocorrer de forma direta, quando fazemos uma compra ou quando ouvimos uma propaganda na televisão.

Observem as situações a seguir.

Situação 1

Disponível em: <www.mppi.mp.br/internet/attachments/Educa%C3%A7%C3%A3o%20para%20o%20consumo%20(cartilha).pdf>. Acesso em: 13 set. 2018.

Situação 2

Disponível em: <www.mppi.mp.br/internet/attachments/Educa%C3%A7%C3%A3o%20para%20o%20consumo%20(cartilha).pdf>. Acesso em: 19 set. 2018.

O que fazer

Analisar situações fictícias de consumo e pensar em soluções para os problemas; elaborar dicas para a comunidade escolar sobre consumo consciente.

Como fazer – Primeira etapa

Com um colega, você analisará algumas situações.

1. Como os direitos do consumidor nessas situações não foram respeitados?
2. Como vocês imaginam que foi a situação vivida por esses consumidores ao adquirir o produto?
3. Como esses consumidores poderiam ser orientados antes de adquirir esses produtos?
4. Vocês vão ler uma das cartilhas do consumidor sugeridas no boxe a seguir e verificar que problema ocorreu nesse produto ou serviço e o que os consumidores poderiam fazer nesses casos.

Sugestões de *links* de cartilhas do jovem consumidor (acessos em: 13 set. 2018):
- www2.camara.leg.br/atividade-legislativa/comissoes/comissoes-permanentes/cdc/outros/cartilhas-diversas/Cartilha-Jovem-Consumidor-com-lei-do-Codigo-2006-1.pdf
- www.ufmg.br/proex/cpinfo/cultura/docs/06b_A_defesa_do_direito_do_consumidor_-_Maria_Sandra_Isabella.pdf
- https://procon.es.gov.br/Media/procon/Cartilhas/Cartilha_Teen_vers%C3%A3o%20com%20Facebook.pdf

Como fazer – Segunda etapa

1. Reúnam-se com outra dupla e comparem o trabalho que fizeram. Depois de discutirem e verificarem se chegaram à mesma conclusão sobre as situações, apresentem para a turma, de acordo com orientações do professor, as conclusões sobre as situações.
2. Depois de lerem a cartilha, formem grupos de quatro membros e pensem em dicas de consumo consciente para a comunidade escolar, as quais serão transcritas em cartazes.
3. Releiam a cartilha do consumidor para verificar como escrevê-las em uma linguagem que possa ser compreendida pelo público da escola.
4. Vocês podem fazer ilustrações para acompanhar as dicas e utilizar computadores ou celulares para produzi-las.
5. As dicas podem envolver desde compra de produtos em feiras, supermercados, padarias, comparação de preços entre esses estabelecimentos comerciais até compras pela internet e preços abusivos. O importante é alertar os consumidores. Elas podem ter uma organização semelhante a esta sobre economia de água, porém voltadas para o consumo.
6. Espalhem as dicas pela escola em locais visíveis, com autorização da coordenação e da direção.

Bom trabalho!

Disponível em: <www.sabesp.com.br/sabesp/filesmng.nsf/DACB88862E8D4E48832576D900682E31/$File/folder_usoracional.pdf>. Acesso em: 13 set. 2018.

UNIDADE 5
Além da notícia

NESTA UNIDADE
VOCÊ VAI:

- estudar reportagens;
- explorar as características desse gênero textual e compará-lo com a notícia;
- aprender quais elementos compõem uma reportagem;
- reconhecer o discurso indireto e o direto nas reportagens;
- estudar sujeito e predicado;
- estudar o uso de **há/a**, **mais/mas**;
- produzir uma reportagem.

1. Nessa imagem, a jornalista apresenta uma reportagem. Você já viu reportagens? Onde?
2. Em que mídias, além da televisão, as reportagens são apresentadas?
3. Pela sua experiência como espectador, o que costuma fazer parte de uma reportagem?

117

CAPÍTULO 1

Neste capítulo, você vai ler e explorar as características de uma reportagem, compará-la com a notícia, reconhecer o discurso direto e o indireto nas reportagens e estudar sujeito e predicado.

ANTES DE LER

Num jornal escrito (impresso ou virtual) ou falado (no rádio, na TV e na internet) há muitos gêneros textuais, como a notícia, a entrevista, o editorial, o artigo de opinião, a resenha, a reportagem etc. As revistas semanais impressas, por sua vez, dificilmente apresentam notícias, já que são dedicadas a uma análise mais aprofundada dos fatos.

1. Leia estes títulos. Tente descobrir, apenas pelos títulos, a quais gêneros (notícias ou reportagens) pertencem esses trechos. Justifique suas escolhas.

Oito tartarugas em extinção são encontradas amarradas e mortas em Búzios

Wanderley Preite Sobrinho. *UOL*, 26 jul. 2018. Disponível em: <https://noticias.uol.com.br/ciencia/ultimas-noticias/redacao/2018/07/26/oito-tartarugas-em-extincao-sao-encontradas-amarradas-e-mortas-em-buzios.htm?cmpid=copiaecola>. Acesso em: 11 set. 2018.

Como evitar problemas de saúde em lugares como São Paulo, onde não chove há 43 dias

Felipe Souza. *BBC News Brasil*, 26 jul. 2018. Disponível em: <https://noticias.uol.com.br/saude/ultimas-noticias/bbc/2018/07/26/como-evitar-problemas-de-saude-em-lugares-como-sao-paulo-onde-nao-chove-ha-43-dias.htm>. Acesso em: 11 set. 2018.

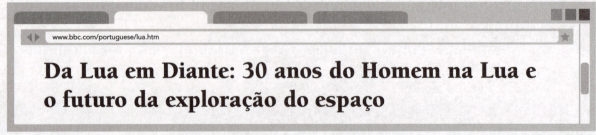

Da Lua em Diante: 30 anos do Homem na Lua e o futuro da exploração do espaço

BBC Brasil. Disponível em: <www.bbc.com/portuguese/lua.htm>. Acesso em: 11 set. 2018.

2. Você teve alguma dificuldade em reconhecer cada gênero pelo título? Por quê?

1. Você vai ler uma reportagem com o título: "Projeto incentiva meninas a se interessarem pelas ciências exatas". Com base nesse título, o que você imagina que essa reportagem vai abordar?

2. Como será que essa reportagem foi produzida?

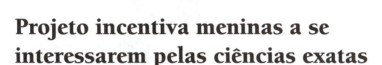

Projeto incentiva meninas a se interessarem pelas ciências exatas

Iniciativa "Tem Menina no Circuito" é realizada em escola estadual de Nova Iguaçu, no Rio de Janeiro

Todos Pela Educação
21 Dezembro 2017 | 10h50

[1] Ao apresentar, de forma lúdica e divertida, como a energia é conduzida dentro de um circuito elétrico às alunas do Ensino Médio da Escola Estadual Alfredo Neves, em Nova Iguaçu, (RJ), o projeto "Tem Menina no Circuito" as conduz para um universo hoje majoritariamente masculino. De acordo com uma pesquisa da Organização para a Cooperação e Desenvolvimento Econômico (OCDE), em 2012, somente 14% das brasileiras que ingressam pela primeira vez na Educação Superior escolheram cursos relacionados à ciência, incluindo engenharia, indústria e construção. (Confira uma reportagem, sobre o assunto, feita pelo Todos Pela Educação aqui).

[2] A iniciativa, que busca incentivar a participação feminina nas carreiras de ciências exatas é desenvolvida, desde 2014, por Thereza Cristina de Lacerda Paiva, Elis Sinnecker e Tatiana Rappoport, professoras do Instituto de Física da Universidade Federal do Rio de Janeiro (UFRJ) e, para auxiliar as docentes, são escolhidas duas alunas como monitoras. "A ideia é quebrar o aspecto sisudo de como a física é comumente apresentada hoje no Ensino Médio", afirma Thereza. É uma forma de tornar a aprendizagem, prevista na meta 7 do Plano Nacional de Educação, mais instigante. Ela conta que o projeto, que é anual, começa com cerca de 25 alunas, mas, infelizmente, ao final de cada ano letivo esse número cai para menos de 10.

[3] Com massinha de modelar, papel sulfite, fita e linha de costura condutoras e tecido, o circuito elétrico é montado. Depois são adicionadas luzes de led, baterias, motores e engrenagens. Para que aconteça a rotação das engrenagens, Thereza explica que é necessário fazer uma pequena programação e, com isso, as alunas aprendem um pouco sobre o assunto.

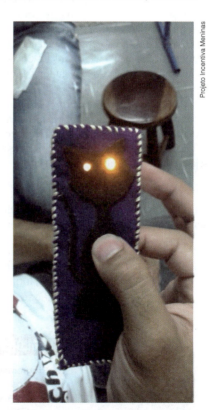

Projeto Incentiva Meninas

https://educacao.estadao.com.br/blogs/educacao-e-etc/projeto-incentiva-meninas-a-se-interessarem-pelas-ciencias-exatas/

⁴ Além de aulas dinâmicas e divertidas, as estudantes participam de atividades como palestras, fazem frequentes visitas ao Museu de Astronomia e Ciências Afins (Mast) e interagem com os diversos experimentos dos laboratórios de pesquisa da UFRJ que, segundo a docente, são didáticos e permitem que as meninas vejam de perto a ciência sendo feita.

⁵ A pesquisadora conta que a iniciativa faz questão de se destoar da turma tradicional do Ensino Médio. "A intenção não é ser mais uma aula complementar de física e/ou química. É uma proposta flutuante", diz. Os encontros acontecem às sextas-feiras após o almoço. O time de robótica da universidade também é levado para a escola e Thereza garante que isso motiva bastante as alunas. As docentes pretendem levar a iniciativa também ao Centro Integrado de Ensino Profissionalizante 218 – Ministro Hermes Lima, no bairro Gramacho, em Duque de Caxias (RJ), onde, de acordo com ela, há maior necessidade de desenvolvê-lo.

⁶ Gabriela Galdino, monitora do "Tem Menina no Circuito", é uma das jovens que seguiu nas exatas, ela faz licenciatura de Física na Universidade Federal do Rio de Janeiro. Conta que as meninas representam apenas um quarto de sua turma na universidade. "Apesar de gostar bastante de exatas, eu não faria física se não fosse o incentivo do projeto", afirma.

⁷ As visitas a laboratórios e as aulas dinâmicas, segundo ela, foram determinantes para a escolha do curso. "'O Tem Menina no Circuito' é muito importante, pois é evidente a escassez de mulheres na área das exatas. Ao apresentar a ciência dessa forma divertida, é muito mais fácil despertar o interesse das meninas", completa. Gabriela também reconhece que o fato de ter tido bons professores no Ensino Médio ajudou bastante. Ela lamenta que essa seja a realidade de poucas jovens brasileiras.

⁸ Para Letícia Yasmin, também participante do projeto, o contato com esse "universo", principalmente com a robótica, foi uma experiência incrível e a aprendizagem acumulada será útil para a vida. "Sempre gostei muito de planejar, projetar, construir coisas e, desde que aprendi a montar os circuitos, eu procuro pensar em como posso usar o que aprendi na profissão que vier a escolher, seja ela qual for", afirma.

Circuitos elétricos feito por alunas da Escola Estadual Alfredo Neves / *Blog* Tem Menina no Circuito.

Todos pela Educação. *Estadão*, 21 dez. 2017. *Blog* Educação e etc. Disponível em: <https://educacao.estadao.com.br/blogs/educacao-e-etc/projeto-incentiva-meninas-a-se-interessarem-pelas-ciencias-exatas/>. Acesso em: 11 set. 2018.

A reportagem foi produzida pelo Movimento Todos Pela Educação, um conglomerado de empresas, fundações e institutos responsável por projetos voltados para a educação.

GLOSSÁRIO

Programação: escrita de um programa de computador.
Robótica: ciência e técnica voltada à construção de robôs funcionais.

Apreciação

1. Antes de ler a reportagem, você elaborou uma hipótese sobre o assunto com base no título. Sua hipótese confirmou-se?

2. Depois de ler a reportagem, você percebeu como ela foi produzida? Explique.

3. Qual é sua opinião sobre o tema da reportagem?

Interpretação

1. A reportagem foi retirada de um *blog* de um *site* jornalístico. Veja o endereço ao final do texto.
    a) A que leitores esse *blog* jornalístico pode interessar? Por quê?
    b) A reportagem apresenta um projeto realizado no Rio de Janeiro. Além dos leitores e moradores dessa cidade, a quem mais essa reportagem poderia interessar? Por quê?

2. Releia o início da reportagem.
    a) Que dado de pesquisa é apresentado logo no início da reportagem?
    b) O texto foi publicado originalmente na internet. Se o leitor quisesse conhecer melhor a pesquisa, o que deveria fazer?
    c) Como esses dados da pesquisa estão relacionados com o projeto apresentado?
    d) O tema dessa reportagem é relevante para a sociedade? Por quê?
    e) Além de informar, qual pode ser o objetivo dessa reportagem?

3. Além da pesquisa, a reportagem cita declarações das professoras responsáveis pelo projeto e das alunas que participam e das que já participaram dele. Copie a alternativa que explica por que isso foi feito.
    a) A reportagem utilizou as declarações das professoras e alunas para mostrar a opinião do jornalista sobre o fato.
    b) A reportagem utilizou as declarações das professoras e alunas para mostrar que é confiável.
    c) A reportagem utilizou as declarações das professoras e alunas, mas poderia ter utilizado uma fonte anônima.

4. Como você deve ter percebido, os parágrafos da reportagem foram numerados. Relacione no caderno os parágrafos com as frases que os resumem.
    a) Descrição de atividades complementares.
    b) Depoimento de aluna que participa do projeto.
    c) Descrição do circuito que as meninas montam.
    d) Introdução com o resumo da reportagem.
    e) Depoimento de ex-aluna da escola e do projeto.
    f) Comparação com as aulas tradicionais da escola.
    g) Descrição do projeto e depoimento das professoras.

5. Releia este trecho.

> Além de aulas dinâmicas e divertidas, as estudantes participam de atividades como palestras, fazem frequentes visitas ao Museu de Astronomia e Ciências Afins (Mast) [...]

a) É possível perceber a opinião de quem assina a reportagem nesse trecho?

b) A opinião sobre o projeto é positiva ou negativa? Que palavras indicam isso?

6. Leia esta notícia, publicada no *site* de uma revista.

Exame, 4 jan. 2011. Disponível em: <https://exame.abril.com.br/ciencia/menina-canadense-de-10-anos-descobriu-uma-supernova/>. Acesso em: 13 set. 2018.

a) Qual dos dois textos é mais extenso: a notícia ou a reportagem?

b) Por que isso ocorre?

7. A reportagem apresenta alguns elementos semelhantes à notícia.

a) Qual é a função do título?

b) Qual é a função da linha fina (abaixo do título)?

8. O primeiro parágrafo da reportagem e da notícia constituem-se no lide, que apresenta resumidamente o que vai ser desenvolvido. Copie o quadro no caderno e complete-o com informações do lide.

	O que aconteceu?	Onde?	Quando?	Como?	Por quê?	Quem?
Reportagem						
Notícia						

9. A reportagem traz uma foto. Qual seria a função dessa foto no texto? Escolha e copie a(s) alternativa(s) correta(s) no caderno.

a) Ilustrar a reportagem.

b) Ampliar uma informação apresentada na reportagem.

c) Acrescentar uma informação que não aparece no texto.

Linguagem

1. Releia estes trechos, em que há falas da mesma pessoa.

> A iniciativa [...] é desenvolvida, desde 2014, por Thereza Cristina de Lacerda Paiva, Elis Sinnecker e Tatiana Rappoport, professoras do Instituto de Física da Universidade Federal do Rio de Janeiro (UFRJ) [...]. "A ideia é quebrar o aspecto sisudo de como a física é comumente apresentada hoje no Ensino Médio", afirma Thereza.
> [...]
> Thereza explica que é necessário fazer uma pequena programação e, com isso, as alunas aprendem um pouco sobre o assunto.

a) Que verbo aparece logo depois da fala?

b) O que as aspas indicam no primeiro trecho?

c) O que indica que a segunda fala foi mencionada de forma indireta?

d) Agora conclua: De que forma é possível mostrar as falas e depoimentos numa reportagem?

e) Como os responsáveis pela reportagem conseguiram as falas que a compõem?

2. Releia o título do projeto citado pela reportagem.

a) Quais são os sentidos possíveis para a palavra **circuito** depois da leitura da reportagem? Copie as alternativas corretas.

- Campo de atividade profissional ou de interesse.
- Caminho circular, que retorna ao ponto de partida.
- Condutores interligados pelos quais circula uma corrente elétrica.
- Qualquer movimento circular.

b) Explique sua escolha.

123

O QUE APRENDEMOS COM O ESTUDO DE REPORTAGEM

- A reportagem é um gênero jornalístico publicado em jornais, revistas, internet e apresentado em programas de televisão, rádio e internet.
- O objetivo da reportagem é ampliar um tema ou assunto de interesse da comunidade e não apenas informar um fato pontual.
- Para cumprir esse objetivo, os jornalistas pesquisam, investigam, entrevistam especialistas no assunto ou tema.
- A reportagem pode apresentar dados estatísticos, exemplos, opiniões dos especialistas/entrevistados e depoimentos de pessoas envolvidas com o tema ou assunto abordado.
- A reportagem é escrita em 3ª pessoa; no entanto, pode haver um posicionamento crítico de quem a produz.

 **DIÁLOGO**

A participação de mulheres nas Ciências Exatas

Por que é importante as mulheres seguirem carreira nas Ciências Exatas? Para que um país possa crescer, além de mais anos de escolaridade para a população, é necessário desenvolver as habilidades de seus cidadãos, homens e mulheres. A quantidade de pessoas em cursos e atividades nas áreas de Ciência, Tecnologia, Engenharia e Matemática faz diferença na capacidade de geração de riqueza de um país.

Além disso, é necessário quebrar o estereótipo de gênero — por exemplo, aquela crença de que ser menina envolve beleza, doçura, singeleza; e de que ser menino evolve força, determinação, dureza. Esse estereótipo leva, muitas vezes, meninas a escolherem carreiras ligadas ao cuidado (na saúde e na educação, por exemplo), de acordo com o papel socialmente atribuído a elas.

A fotografia ao lado é de Sonia Guimarães. Ela estudou o ensino básico em escola pública e ingressou na Universidade Federal de São Carlos (UFSCar) para estudar Física, um curso em que as mulheres ainda são minoria. Após se formar, fez mestrado e depois, na Inglaterra, doutorado. Em 1993, entrou para o Instituto Tecnológico de Aeronáutica (ITA) como professora, a primeira professora negra da instituição.

Até 2016, Sonia conduziu uma pesquisa sobre o desenvolvimento de sensores de calor nacionais. Atualmente, ela é mantenedora da universidade Zumbi dos Palmares e trabalha em projetos sociais voltados para a educação de estudantes de áreas carentes.

↑ Sonia Guimarães, primeira professora negra do Instituto Tecnológico da Aeronáutica (ITA).

1. Discuta as questões a seguir com os colegas.

   a) O que é possível fazer para que haja na escola, entre os próprios estudantes, uma quebra do estereótipo de gênero?

   b) Como é possível valorizar as habilidades e talentos de meninos e meninas na escola?

   c) Que atitudes de aceitação e respeito ao potencial de meninas e meninos podem ser adotadas na escola?

Sujeito e predicado

1. Releia o título da reportagem.

a) Identifique, no título, palavras que expressam a ideia de ação.

b) A que classe gramatical pertencem essas palavras?

2. Leia as orações abaixo.

> Projeto incentiva meninas.

> Meninas se interessam pelas ciências exatas.

a) Qual é a palavra com a qual o verbo concorda quanto a pessoa e número em cada oração?

b) Como é feita a concordância entre o verbo e a palavra com a qual ele concorda?

3. Releia trechos da reportagem.

> Além de aulas dinâmicas e divertidas, as estudantes **participam de atividades como palestras** [...]
> "'O Tem Menina no Circuito' **é muito importante** [...]

a) Identifique o verbo em cada trecho da reportagem.

b) Com que termos da oração o verbo concorda quanto a pessoa e número na oração?

c) Reescreva a frase "As estudantes participam de atividades" substituindo "as estudantes" pela expressão "o grupo". Justifique as alterações feitas na oração.

d) Na oração, qual é a função dos termos destacados em relação ao termo inicial?

As relações que se estabelecem entre o verbo e os outros termos complementam os sentidos da oração, que é uma unidade gramatical composta, geralmente, de duas partes: o sujeito e o predicado, termos essenciais da oração.

> O sujeito é o termo com o qual o verbo concorda em número (singular ou plural) e pessoa (1ª, 2ª ou 3ª). Ele pode ser representado por um substantivo (meninas) ou um pronome (elas).
>
> O predicado é aquilo que se declara em relação ao sujeito. O verbo do predicado concorda em número (singular e plural) e pessoa (1ª, 2ª ou 3ª pessoa) com o sujeito.

125

Veja um exemplo retirado de uma notícia.

Menina canadense de 10 anos descobriu uma supernova
sujeito predicado

Disponível em: <http://g1.globo.com/mundo/noticia/2011/01/menina-canadense-de-10-anos-descobriu-uma-supernova.html>.
Acesso em: 22 out. 2018.

O sujeito é representado por um substantivo singular (**menina**), que concorda com o verbo conjugado na 3ª pessoa do singular (**descobriu**).

O predicado é aquilo que se declara sobre o sujeito ("descobriu uma supernova").

Sujeito

Você estudou que a oração é uma unidade gramatical composta, geralmente, de duas partes: **sujeito** e **predicado**, os termos essenciais da oração. Agora, você conhecerá os diferentes tipos de sujeito.

1. Leia esta tirinha, em que os personagens conversam sobre o destino deles.

a) Qual é a hipótese de Calvin sobre o destino das pessoas?

b) Seu amigo Haroldo vê outra possibilidade. Qual é a ideia que ele defende?

c) Os pais, Calvin e Haroldo estão falando do destino das pessoas no mesmo sentido? Por quê?

d) Identifique, nas orações a seguir, os termos a que se referem os verbos. Escreva-os no caderno.

> – Você acredita [...]
> – [...] nossos destinos são controlados pelas estrelas?

e) Qual é o sujeito da oração que começa com "Não, acho [...]"?

Os termos aos quais o verbo se refere constituem o sujeito da oração. Ele pode ser representado por um pronome (**você**) ou por um substantivo (**destinos**).

> O sujeito é o ser sobre o qual se faz uma declaração. Os substantivos e os pronomes substantivos são o núcleo dos termos que exercem a função de sujeito.

Tipos de sujeito

Na tirinha de Calvin, há diferentes tipos de sujeito: um representado por pronome, outro, por dois substantivos, e há ainda um terceiro caso, em que o sujeito não está explícito.

O sujeito pode ser classificado em:

- determinado (simples, composto e desinencial/oculto);
- indeterminado.

Vamos conhecer cada um deles.

Sujeito determinado: simples, composto e desinencial

Tipos de sujeito	Exemplos
Sujeito simples Formado por um único núcleo.	**Você acredita** no destino. Núcleo / verbo do sujeito Nossos **destinos são controlados** pelas estrelas. Núcleo / locução verbal do sujeito
Sujeito composto Formado por mais de um núcleo.	**Papai** e **mamãe têm** outra opinião sobre o destino. Núcleo / verbo do sujeito
Sujeito desinencial Não está expresso, mas pode ser identificado pela desinência do verbo.	(eu) **Acho** que não dependemos das estrelas. Núcleo / verbo do sujeito

Em uma oração, pode haver mais de um núcleo do sujeito. O núcleo pode ser um substantivo ou pronome.

- Núcleo do sujeito: dois substantivos.

    Calvin e Haroldo estão conversando.

    sujeito composto

- Núcleo: dois pronomes.

    Eu e você admiramos as estrelas.

    sujeito composto

> O sujeito determinado pode ser identificado na frase. É classificado em simples, composto ou desinencial.

Calvin & Hobbes, Bill Watterson © 1992 Watterson / Dist. by Andrews McMeel Syndication

Sujeito indeterminado

Leia a notícia e responda às questões a seguir.

Janaína Carvalho. *G1*, 12 out. 2015. Disponível em: <http://g1.globo.com/rio-de-janeiro/noticia/2015/10/prainha-de-rocha-miranda-e-inaugurada-neste-dia-das-criancas.html>. Acesso em: 7 fev. 2019.

a) Identifique e classifique o sujeito dos verbos destacados no texto.

b) É possível identificar o sujeito do verbo **falaram** na oração destacada no texto? Por quê?

c) Qual é a pessoa verbal do verbo **falaram**?

> Quando o sujeito não pode ser identificado na oração, ele é classificado como **indeterminado**.
> Exemplo: **Disseram** que você chegaria atrasada.
> Na oração, não podemos identificar quem fez a afirmação.

Há duas formas de indeterminar o sujeito.

- Verbo flexionado na 3ª pessoa do plural sem um referente explícito na oração ou no contexto.
  Exemplo: **Compraram** muitos livros para a biblioteca.
- Verbo que exige preposição na 3ª pessoa do singular acrescido do pronome **-se**.
  Exemplo: **Precisa-se** de empregados.

> O sujeito indeterminado não pode ser identificado na frase.

ATIVIDADES

1. Leia um trecho de uma reportagem sobre uma importante cientista que viveu no início do século XX.

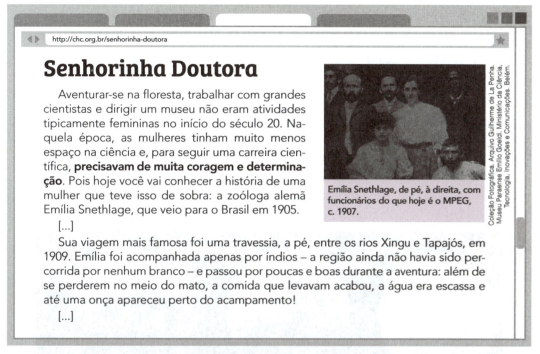

Senhorinha Doutora

Aventurar-se na floresta, trabalhar com grandes cientistas e dirigir um museu não eram atividades tipicamente femininas no início do século 20. Naquela época, as mulheres tinham muito menos espaço na ciência e, para seguir uma carreira científica, **precisavam de muita coragem e determinação**. Pois hoje você vai conhecer a história de uma mulher que teve isso de sobra: a zoóloga alemã Emília Snethlage, que veio para o Brasil em 1905.

[...]

Sua viagem mais famosa foi uma travessia, a pé, entre os rios Xingu e Tapajós, em 1909. Emília foi acompanhada apenas por índios – a região ainda não havia sido percorrida por nenhum branco – e passou por poucas e boas durante a aventura: além de se perderem no meio do mato, a comida que levavam acabou, a água era escassa e até uma onça apareceu perto do acampamento!

[...]

Emília Snethlage, de pé, à direita, com funcionários do que hoje é o MPEG, c. 1907.

Ciência Hoje das Crianças, 23 abr. 2012. Disponível em: <http://chc.org.br/senhorinha-doutora/>. Acesso em: 25 jul. 2018.

a) Que características fizeram com que Emília se destacasse em seu tempo?

b) Emília era uma zoóloga. Você sabe o que se faz nessa profissão? Procure no dicionário, caso não saiba, o significado dessa palavra.

c) Identifique o verbo na oração destacada na reportagem.

d) O sujeito não está expresso diretamente nessa oração, mas é possível identificá-lo pelo contexto. Qual é o sujeito dessa oração?

e) Como você identificou o sujeito?

f) Identifique os verbos e os sujeitos das orações a seguir.

> [...] além de se perderem no meio do mato, a comida que levavam acabou, [...]

g) Identifique o verbo, o sujeito e o predicado da oração a seguir.

> [...] até uma onça apareceu perto do acampamento!

h) Como você identificou o predicado dessa oração?

2. Complete as orações a seguir com o sujeito.

a) No começo do século XX, ▲ não tinham muito espaço no campo científico.

b) ▲ tinha atividades pouco comuns às mulheres de sua época.

c) ▲ percorreu a região antes de Emília.

d) ▲ passaram poucas e boas durante as aventuras na floresta.

129

3. Leia o texto, identifique o núcleo do sujeito das orações selecionadas e classifique o tipo de sujeito.

www.ebc.com.br/noticias/2015/09/eclipse-lunar-e-superlua-serao-vistos-ao-mesmo-tempo-hoje-noite-no-brasil

Eclipse lunar e superlua serão vistos ao mesmo tempo hoje à noite no Brasil

Os brasileiros vão poder assistir neste domingo (27) à ocorrência de dois fenômenos simultâneos: o eclipse lunar total e a superlua. A coincidência ocorre uma vez a cada 30 anos.

[...]

O eclipse lunar total será visto no Brasil porque, quando a Lua estiver entrando na sombra da Terra, será noite no país. Patricia Spinelli disse que a ocultação da Lua ocorrerá por volta das 23h30 e "esse é o ápice". [...]para que os dois fenômenos possam ser vistos simultaneamente, é preciso que o tempo esteja bom, pois tempo nublado não permite a visualização. Tanto o eclipse como a superlua serão visíveis a olho nu, sem a necessidade de nenhum equipamento ou proteção especial. "Com tempo bom e céu limpo, as pessoas podem acompanhar o fenômeno", garante a astrônoma do Mast.

Alana Gandra. *EBC*, 28 set. 2015. Disponível em: <www.ebc.com.br/noticias/2015/09/eclipse-lunar-e-superlua-serao-vistos-ao-mesmo-tempo-hoje-noite-no-brasil>. Acesso em: 7 fev. 2019.

a) Eclipse lunar e superlua serão vistos ao mesmo tempo hoje à noite no Brasil.

b) Os brasileiros vão poder assistir neste domingo [...].

c) O eclipse lunar total será visto no Brasil [...].

d) [...] a ocultação da Lua ocorrerá por volta das 23h30 [...].

e) [...] "esse é o ápice".

f) [...] tempo nublado não permite a visualização.

g) Tanto o eclipse como a superlua serão visíveis a olho nu [...]

4. Leia o texto, identifique o núcleo do sujeito das orações selecionadas e classifique o tipo de sujeito.

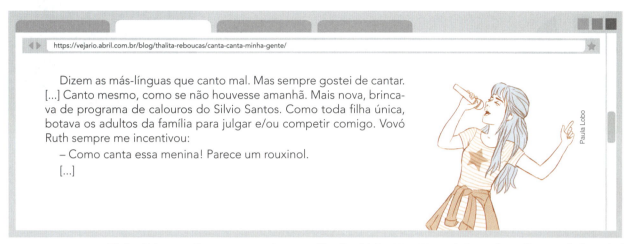

Thalita Rebouças. Canta, canta, minha gente. *Veja Rio*, 25 fev. 2017. Disponível em: <https://vejario.abril.com.br/blog/thalita-reboucas/canta-canta-minha-gente/>. Acesso em: 7 fev. 2019.

a) Dizem as más-línguas que canto mal.

b) [...] sempre gostei de cantar.

c) [...] botava os adultos da família para julgar [...].

d) Como canta essa menina!

e) Parece um rouxinol.

5. No caderno, escreva **verdadeiro** ou **falso** para classificar os sujeitos das orações extraídas do texto a seguir. Corrija as classificações incorretas.

Denise Moraes. *Invivo*, 29 maio 2008. Disponível em: <www.invivo.fiocruz.br/cgi/cgilua.exe/sys/start.htm?infoid=974&sid=9>. Acesso em: 29 abr. 2019.

a) "É chamado de arte rupestre o conjunto de figuras encontradas em paredes de cavernas e outros abrigos." Sujeito indeterminado.

b) "Estes desenhos começaram a ser feitos pelos homens [...]." Sujeito composto.

c) "[...] nesse período os homens viviam em grutas e cavernas [...]." Sujeito simples.

d) "[...] desenhavam cenas de suas vidas, de rituais religiosos, além de plantas, sementes, animais, flechas, astros e... mãos!" Sujeito indeterminado.

CAPÍTULO 2

Neste capítulo, você vai ler e analisar mais uma reportagem e ainda produzir uma reportagem. Vai também estudar o uso de há/a, mau/mal e mais/mas.

Você vai ler uma reportagem sobre o uso de aparelhos eletrônicos.

1. Você costuma utilizar por muito tempo celular e outros aparelhos eletrônicos?

2. Para que você os utiliza?

3. Você já ouviu falar em algum dano à saúde provocado pelo uso excessivo desses aparelhos? Qual?

www.diariodepernambuco.com.br/app/noticia/ciencia-e-saude/2016/07/11/internas_cienciaesaude,654555/uso-em-excesso-de-celulares-e-aparelhos-eletronicos

ALERTA

Uso em excesso de celulares e aparelhos eletrônicos pode causar problemas de saúde

A postura normalmente utilizada, de cabeça baixa e com os olhos voltados para baixo em direção à tela do aparelho, pode ocasionar lesões na coluna, ombros, punhos e cotovelos

Por: Henrique Souza - Pernambuco.com. Publicado em: 11/07/2016 12:21 Atualizado em: 11/07/2016 14:50

Vivemos conectados ao mundo virtual quase 24 horas por dia. Muito graças ao celular, companheiro inseparável nos dias de hoje. No entanto, o uso excessivo de *smartphones*, *tablets* e outros aparelhos eletrônicos portáteis pode causar sérios danos à saúde. Se você sente dores na coluna ou pescoço constantemente, saiba que o culpado talvez esteja nas suas mãos.

A postura normalmente utilizada, de cabeça baixa e com os olhos voltados para baixo em direção à tela do aparelho, é capaz de ocasionar dores e problemas em áreas como coluna, ombros, punhos e cotovelos. A dor

Uma dica para evitar lesões é sempre fazer alongamentos nas áreas mais sobrecarregadas.

João Veloso/Diário de Pernambuco

se inicia no pescoço e desce até os ombros, deixando o indivíduo quase que impossibilitado de mover a cabeça. Além disso, a repetição de movimentos ao digitar mensagens também pode causar tendinites.

Um estudo do Centro Médico de Cirurgia Espinhal e Reabilitação de Nova York criou o termo "*text neck*" (ou "pescoço da mensagem de texto") para esse tipo de complicação, que tem como consequências a perda da curva natural da cervical e o desgaste precoce da coluna. Em alguns desses casos, é necessário até realizar uma cirurgia de reparo. Acostumada a aguentar o peso da cabeça (cerca de seis quilos, em um adulto), a coluna cervical recebe até 27 quilos extras a depender do grau de inclinação do pescoço, o equivalente a andar com uma criança de oito anos permanentemente sobre os ombros.

O coreógrafo Allan Delmiro chega a passar cerca de 15 horas diárias com o celular, pois também utiliza o aparelho nos estudos. Allan conta que sofre com dores no tórax e na coluna frequentemente. "As dores são intensas ao ponto de me deixarem 'travado' e passam quando faço uma pausa no uso do celular e faço algum exercício ou alongamento. Mesmo assim, há vezes que elas persistem e duram o dia todo. Já cheguei a passar semanas assim", relata ele.

O ortopedista Luciano Temporal ensina que é necessário ter muita atenção com a postura corporal durante o uso desses aparelhos. "Quando estamos sentados devemos apoiar os cotovelos sobre uma superfície e colocar o telefone à nossa frente sem abaixar a cabeça, deixando a mesma numa posição neutra", orienta. Entretanto, o especialista adverte que a medida apenas minimiza os problemas. "Nunca deixamos de correr riscos, até porque nossa atenção está voltada muito mais para o celular do que para nossa postura", alerta.

Uma dica para evitar lesões é sempre fazer alongamentos nas áreas mais sobrecarregadas durante a utilização dos celulares. Outra orientação é evitar longos períodos usando o celular – ou fazer intervalos, se isso for preciso. Em caso de lesões já detectadas, é possível tratá-las através da manipulação muscular (técnica em que os fisioterapeutas utilizam as mãos), alongamentos, RPG (Reeducação Postural Global), ou exercícios para fortalecer e alongar a musculatura corporal.

Conscientizar crianças pode evitar problemas no futuro

Engana-se quem pensa que os riscos estão presentes apenas na vida adulta. Ganhando celulares cada vez mais cedo, as crianças ficam expostas precocemente aos problemas causados pelo uso excessivo dos aparelhos. A auditora da Prefeitura do Recife Margarida Campello, mãe de Letícia, já se preocupa com a postura da filha quando ela está no celular ou *tablet*. Para evitar complicações, procurou uma clínica de fisioterapia para realizar uma reeducação na postura da menina.

"Minha filha fica cerca de 1 hora no celular e no *tablet* por dia. Eu e o pai dela tentamos controlar o uso desses aparelhos, e agora resolvemos prevenir possíveis problemas porque ela também passa muito tempo sentada na escola", afirma. Os exercícios já têm dado resultados. "Agora eu presto muito mais atenção quando faço algum movimento e sempre tento não baixar a cabeça quando fico no celular", conta a estudante de nove anos, que faz as sessões desde fevereiro.

A fisioterapeuta Andrezza Palmeira realiza um trabalho voltado especialmente para crianças na clínica dela, no bairro de Casa Forte, Zona Norte do Recife. O tratamento é feito com muitos aparelhos também utilizados em aulas de pilates. "Atuamos primeiro para corrigir a postura dos garotos. Em seguida, o objetivo é garantir o crescimento 'normal' do indivíduo, fortalecendo as áreas que se desenvolvem com a idade", explica.

A fisioterapeuta reitera que é muito mais fácil começar a reparar a postura de um jovem do que um adulto. Pensando nisso, ela e a irmã Andréa, também fisioterapeuta, desenvolveram um projeto que busca conscientizar as crianças sobre a importância de permanecer na posição correta nas suas atividades diárias. É o ABC da Postura, que atua desde março em escolas realizando atividades como palestras e dramatizações para orientar alunos e educadores.

"Abordamos tópicos como a forma de sentar nas cadeiras, o peso da mochila e o uso de celulares e aparelhos eletrônicos. Queremos instruir também os pais, que muitas vezes percebem que os filhos têm problemas mas não sabem o que devem fazer em seguida", explica Andrezza. Segundo ela, até mesmo um baixo rendimento escolar pode ser causado por erros na postura do corpo. "É comum ver as crianças dispersando sua atenção durante a aula porque não encontram uma posição certa ao sentar na cadeira", exemplifica.

Henrique Souza. *Diário de Pernambuco*, 11 jul. 2016. Disponível em: <www.diariodepernambuco.com.br/app/noticia/ciencia-e-saude/2016/07/11/internas_cienciaesaude,654555/uso-em-excesso-de-celulares-e-aparelhos-eletronicos-pode-causar-proble.shtml>. Acesso em: 11 set. 2018.

Títulos e seus impactos

Leia outros títulos de reportagens que tratam do uso da tecnologia.

Título 1 – Tecnologia em excesso afeta a saúde física e mental das crianças

Rafael Campos. Encontro BH, 29 maio 2014. Disponível em: <https://www.uai.com.br/app/noticia/saude/2014/05/29/noticias-saude,192330/tecnologia-em-excesso-afeta-a-saude-fisica-e-mental-das-criancas.shtml>. Acesso em: 20 out. 2018.

Título 2 – Uso de *smartphone* pode estar nos emburrecendo, sugerem estudos

Reinaldo José Lopes. *Folha*, 21 mar. 2017. Disponível em: <https://www1.folha.uol.com.br/equilibrioesaude/2017/03/1868247-uso-de-smartphone-pode-estar-nos-emburrecendo-sugerem-estudos.shtml>. Acesso em: 20 out. 2018.

Título 3 – Papada, insônia e acne; veja danos que o uso de celular pode causar

Bom estar. *Terra*. Disponível em: <https://www.terra.com.br/vida-e-estilo/saude/bem-estar/papada-insonia-e-acne-veja-danos-que-o-uso-de-celular-podecausar,518ab3680b600410VgnVCM10000098cceb0aRCRD.html>. Acesso em: 20 out. 2018.

a) Que informação é comum a todos os títulos?

b) A que público são dirigidas essas reportagens?

c) Qual é a finalidade dessas reportagens?

d) A seleção das palavras do título pode destacar um aspecto do texto, levando o leitor a se emocionar, rir e até mesmo se assustar. Qual dos títulos de reportagem mais chamou sua atenção? Por quê?

e) Qual dos títulos parece provocar mais reações no leitor? Que palavras produzem esse efeito?

Apreciação

1. Você conhecia esses danos à saúde provocados pelo uso de aparelhos eletrônicos? Qual(is)?

2. Que informações sobre a forma adequada de usar o celular chamaram sua atenção? Por quê?

Interpretação

1. Qual é o tema da reportagem? Ele é relevante para a vida dos jovens? Por quê?

2. Essa reportagem foi publicada na seção "Ciência e Saúde", do *site* do *Diário de Pernambuco*.
   a) Quem são os possíveis leitores dessa reportagem? Por quê?
   b) A reportagem interessa a uma comunidade específica ou a diversas pessoas? Por quê?

3. Releia o título e a linha fina da reportagem, na página 132.
   a) Qual é a função da palavra **alerta** logo acima do título?

b) O título da reportagem explica de forma satisfatória o assunto nela tratado? Por quê?

c) Qual é a função da linha fina em relação ao título da reportagem?

4. As imagens, numa reportagem ou em outro texto jornalístico, podem ter diferentes funções.

   a) Qual é a função da foto que aparece logo no início da reportagem?

   b) Qual é a função das outras duas imagens? Copie a(s) alternativa(s) correta(s).
   - Ilustram o texto e o deixam agradável.
   - Explicam como utilizar celular com a postura correta.
   - Acrescentam informações que não estão no texto.
   - Ampliam uma informação apresentada no texto.

5. A reportagem tem um subtítulo. Localize-o e, então, escolha e copie no caderno a(s) alternativa(s) que melhor explicam a função desse subtítulo.

   a) Começar um assunto totalmente novo.

   b) Apresentar outro tópico sobre o assunto da reportagem.

   c) Dividir a reportagem para não ficar muito longa.

6. A reportagem tem 11 parágrafos. O primeiro é o lide, que introduz o assunto da reportagem. No caderno, escreva uma frase que resuma cada um dos parágrafos, a partir do segundo.

7. Na reportagem aparece a fala de pessoas e organizações. Qual é a função dessas falas?

8. Qual seria o objetivo dessa reportagem, isto é, por que ela foi produzida e publicada?

Linguagem

1. Releia o início do texto.

   > Vivemos conectados ao mundo virtual quase 24 horas por dia. Muito graças ao celular, companheiro inseparável nos dias de hoje.

   a) É possível perceber a opinião do jornalista sobre o celular. É uma opinião negativa ou positiva?

   b) Que palavras revelam essa opinião?

2. Há duas maneiras de mostrar as falas dos entrevistados numa reportagem: de forma direta – com discurso direto e aspas – e de forma indireta – o jornalista relata o que o entrevistado falou.

   a) Localize no texto e escreva no caderno uma fala em discurso direto.

   b) Transcreva no caderno também uma fala em discurso indireto.

3. Reveja uma das imagens que acompanha a reportagem, que é um infográfico, na página 134.

   a) A imagem é composta de elementos da linguagem verbal e da linguagem não verbal. Que elementos compõem essa imagem?

   b) Que informações são apresentadas na imagem?

   c) Qual é a relação entre a linguagem verbal e a não verbal nesse infográfico?

   d) Em que a organização desse texto facilita a compreensão do que é apresentado?

   e) O que indicam os verbos **deve** e **devem** nos textos? Copie a alternativa correta.
   - sugestão
   - obrigação
   - ordem
   - pedido

   f) Justifique sua escolha na questão anterior.

136

 **ESTUDO DA LÍNGUA**

Verbos significativos e de ligação

No capítulo anterior, você estudou os termos essenciais da oração: sujeito e predicado. Viu que cada oração tem um predicado que se organiza em torno de um verbo. Vamos estudar agora os tipos de verbo que constituem os predicados das orações.

1. Leia um trecho de reportagem.

Cibele Tenório. *EBC*, 30 out. 2015. Disponível em: <www.ebc.com.br/tecnologia/2015/10/aldeia-conectada-indigenas-aderem-redes-sociais>. Acesso em: 19 fev. 2019.

a) Segundo o texto, como a tecnologia está presente nas aldeias?

b) Como os indígenas usam a tecnologia para preservar sua cultura?

c) Copie o quadro no caderno e complete-o com os verbos destacados no texto.

Verbos que indicam ação

d) Observe a oração e responda: A quem se refere o verbo **está**?

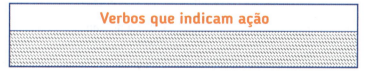

A nova geração de indígenas do país está conectada [...].

e) A que classe de palavras pertence o termo **conectada**?

f) Que sentido esse termo acrescenta ao sujeito da oração?
- Apresenta uma característica do sujeito.
- Indica uma ação do sujeito.

Os verbos podem ser classificados em **significativos** ou **não significativos**.

> Os verbos significativos têm um valor semântico próprio e expressam uma ação, um acontecimento, um fenômeno da natureza etc.

Leia os exemplos a seguir.

A gente **pensa** em Kuikuro.

  verbo significativo
  ação de pensar

Os indígenas não **perderam** o contato com sua cultura com o uso da tecnologia.

  verbo significativo
  ação de perder

> Os verbos não significativos não indicam ação. São verbos de ligação que têm a função de ligar o sujeito a uma característica ou a um atributo.

Leia os exemplos a seguir.

O uso do celular **é comum** entre os indígenas.

  verbo não significativo   atributo do sujeito

A comunicação no idioma dos Kuikuro **torna** mais **fácil** a comunicação entre eles.

  verbo não significativo   atributo do sujeito

Veja na tabela os sentidos que os verbos de ligação podem expressar.

Verbos	Sentido	Exemplos
ser, viver	estado permanente	Os indígenas **são** interessados na divulgação de sua cultura.
estar, andar, achar-se, encontrar-se	estado transitório	Eles **andam** interessados em tecnologia.
ficar, virar, tornar-se, fazer-se	mudança de estado	Eles **ficaram** curiosos com a novidade.
continuar, permanecer	continuidade de estado	Eles **continuam** a falar na língua nativa deles.
parecer	estado aparente	Eles **parecem** felizes com a novidade.

> Os **verbos significativos** têm valor semântico e expressam uma ação, um acontecimento, um fenômeno da natureza etc.
> Os **verbos não significativos** não indicam ação. São verbos de ligação, que têm a função de ligar o sujeito a uma característica ou um atributo.

Predicado verbal e nominal

O predicado se organiza em torno do verbo. Quando o verbo da oração é significativo, o predicado recebe o nome de **verbal**.

Veja o exemplo a seguir.

A nova geração de indígenas **usa** constantemente o celular. (predicado verbal)

↓
verbo significativo

Quando o verbo não é significativo e tem a função de ligar uma qualidade ao sujeito, o predicado é classificado como **nominal**.

Veja o exemplo:

Eles **estão conectados**. (predicado nominal)

↓ ↓
verbo de ligação   atributo do sujeito

Quando o verbo da oração é significativo, o predicado é verbal. Quando o verbo não é significativo e tem a função de ligar uma qualidade ao sujeito, o predicado é nominal.

ATIVIDADES

1. Leia a tirinha e responda às questões.

a) De quem é a fala no primeiro quadrinho? Como é possível chegar a essa conclusão?
b) Garfield concorda com a afirmação do tema do programa? Por quê?
c) Garfield acha que o programa é tendencioso. Que elementos do texto levam a essa afirmação?
d) Classifique os predicados a seguir.
  • Vamos perguntar aos especialistas.
  • Esse programa é muito tendencioso.
  • Os gatos são astutos.

139

2. Leia este fragmento do conto "O navio das sombras", do escritor gaúcho Erico Verissimo.

> É noite escura e o cais está deserto. Ivo ergue a gola do sobretudo. Sente muito frio, e o silêncio enorme e hostil enche-o de um vago medo. Vai viajar. Mas é estranho... Tudo parece diferente do que ele sempre imaginara. O grande transatlântico se desenha sem contornos certos contra o céu de fuligem. Não se vê um só vulto humano no cais. Adivinha-se, entretanto, na treva, a presença rígida e gelada dos guindastes.
>
> [...]
>
> Erico Verissimo. *Contos*. Rio de Janeiro: Globo, 1978. p. 13. Disponível em: <www.releituras.com/everissimo_menu.asp>. Acesso em: 7 fev. 2019.

a) Leia novamente o trecho a segui.

> Vai viajar. Mas é estranho...

- O que as reticências indicam?

b) O trecho reproduz o clima de mistério da história. Que efeito o uso das reticências produz no leitor?

c) Releia as orações a seguir.

> O cais **está** deserto.

> Tudo **parece** diferente.

- Classifique os verbos destacados nas orações em significativos ou de ligação.

d) Entre as opções a seguir, que ideias os verbos **estar** e **parecer** expressam no texto?
- estado permanente
- mudança de estado
- estado aparente
- estado transitório
- continuidade de estado

e) Classifique o predicado das orações a seguir.
- Ivo sente muito frio.
- Não se vê um só vulto humano no cais.
- É noite escura.

3. No caderno, escreva **verdadeiro** ou **falso** para classificar o predicado das orações criadas com base no texto a seguir. Corrija as classificações incorretas.

Quem tem medo do lobo-guará?

Nos contos-de-fadas, o lobo é quase sempre o vilão. Quem não se lembra de *Chapeuzinho Vermelho*, ou de *Os Três Porquinhos?* Essas e outras histórias famosas surgiram na Europa, onde vivem os lobos-cinzentos, cujo nome científico é *Canis lupus* ("cão" e "lobo" em latim). Os lobos-cinzentos formam grupos chamados matilhas, e juntos podem caçar grandes animais, como veados e alces.

[...]

Ciência Hoje das Crianças. Disponível em: <http://chc.org.br/coluna/quem-tem-medo-do-lobo-guara/>. Acesso em: 7 fev. 2019.

a) Os lobos podem caçar grandes animais. Predicado verbal.

b) Os lobos-cinzentos vivem na Europa. Predicado nominal.

c) O lobo é quase sempre o vilão. Predicado verbal.

d) Essas histórias famosas surgiram na Europa. Predicado nominal.

4. Classifique o predicado das orações.

a) Os alunos do 9º ano estão preparando a festa de formatura.

b) Os atletas estão felizes com a vitória.

c) O bebê permaneceu quieto durante toda a tarde.

d) Eu continuei meu trabalho quando cheguei em casa.

e) O ator continua orgulhoso como sempre.

f) Aquele campeonato de basquete foi sensacional.

g) A Lua permanecia escondida.

h) A palestrante apresentou imagens interessantes.

i) Aquele homem adotou o cãozinho.

j) Os viajantes permanecem no saguão de embarque.

k) O livro indicado encontra-se na biblioteca da escola.

l) Cantamos músicas alegres na festa.

m) Desejo-lhe sorte.

n) Ficamos felizes durante a cerimônia.

Reportagem

Vamos escrever uma reportagem destinada aos jovens?

Ela poderá ser publicada no jornal, *blog* ou página de alguma rede social da escola. Você também pode divulgá-la aos colegas por meio de uma revista.

Para começar

1. A turma e o professor escolherão duas reportagens sobre o mesmo assunto: uma veiculada num jornal e outra, num programa de TV ou em canal da internet. Depois de assistir à primeira reportagem e ler a segunda, respondam às questões a seguir em trios.

    a) Quais são as principais características da reportagem em vídeo?

    b) Quais são as principais diferenças entre a reportagem publicada no jornal e a publicada em vídeo quanto:
    - às linguagens envolvidas;
    - aos recursos utilizados.

    c) Para organizar a entrevista em vídeo, o que possivelmente foi feito? Levantem hipóteses.

2. Pensem em uma pauta, ou seja, um roteiro dos assuntos mais importantes que serão cobertos na matéria jornalística.

3. Considerem também as pessoas que serão consultadas durante a reportagem. Lembrem-se de que elas devem estar diretamente relacionadas ao assunto que vocês escolherem, pois podem dar maior credibilidade à reportagem.

4. Pensem e conversem a respeito das questões a seguir.
    - **O que seria relevante como tema de uma reportagem?**

    Vocês sabem de algum problema no bairro que todos devem conhecer ou algo que seja do interesse dos alunos? Na escola ou no bairro, há um projeto interessante que possa ser tema de reportagem? Essas são apenas algumas ideias, vocês podem pensar em outros temas.

    - **Com quem vocês conversariam para entender a questão?**

    Vamos pensar numa situação hipotética: há muito lixo acumulado na rua e, mesmo após os moradores ligarem diversas vezes para o serviço de limpeza da cidade, nada ocorreu. Conversem com as pessoas que moram próximo ao local, com os garis, coletores de lixo e com um especialista, como um professor de Ciências, por exemplo. Se possível, falem também com as autoridades responsáveis. O que é necessário para que o problema seja resolvido?

Pesquisar

1. Tenham curiosidade. Perguntem o máximo possível e pesquisem. Vocês podem consultar livros, revistas, jornais, *sites*, *blogs* especializados no assunto etc.

2. Vamos pensar em outro exemplo: dois conhecidos contraíram dengue. Entrevistem-nos: Como eles se sentiram? Já passaram por outra situação semelhante?

    Pesquisem: Quais são os riscos? O que fazer para evitar a doença? Como se prevenir?

Desenvolver

1. Reúnam todas as informações que vocês conseguirem.
2. Escrevam um texto jornalístico com as principais informações apuradas.
3. Não se esqueçam do título, do subtítulo, da linha fina e dos intertítulos (se for necessário usá-los).
4. Se possível, acrescentem imagens ou fotografias relacionadas ao relato.

Revisar

1. Troquem de reportagem com outro grupo. Leiam a seguir alguns pontos importantes para observar na leitura do texto dos colegas e proponham ajustes, se necessário.
   - Os fatos devem ser expostos com clareza e objetividade.
   - A imparcialidade é importante. Uma reportagem pode ter juízo de valor, mas não o do repórter.
   - Antes de escrever, deve-se apurar todos os fatos. Afinal, cada um é responsável pelo que escreve.
   - A linguagem deve ser precisa e acessível. No entanto, na necessidade de utilizar um termo técnico, o repórter deve ter o conhecimento para fazê-lo e explicá-lo ao leitor, em seguida.
   - A originalidade cativa o leitor. Quem escreve o relato apresenta seu modo de ver as coisas.
2. Leiam os comentários dos colegas sobre o texto de vocês e ajustem o que julgarem pertinente.
3. Depois, preparem a versão final do texto considerando os apontamentos feitos por eles.
4. Apresentem essa versão ao professor.

Compartilhar

1. Caso a turma ou a escola tenha um *blog* ou uma página em alguma rede social, seu grupo poderá disponibilizar a reportagem nesse veículo de comunicação.
2. Se a escola não dispuser desses recursos, os grupos podem organizar uma revista para publicar as reportagens e divulgar aos demais alunos da escola.
3. Para produzir a revista é necessário pensar: no formato (há revistas de tamanhos variados); na capa (que reflita sua turma, composta de fotos ou desenhos feitos por vocês); no sumário; em um texto de apresentação, que poderá ser elaborado coletivamente ou pelo professor (o editor-chefe da revista); no número de cópias, já que a produção ficará na biblioteca da escola.

Avaliar

1. Você aprendeu mais fazendo a reportagem ou lendo as reportagens produzidas pelos outros grupos? Discuta essa questão com os colegas.

ESCRITA EM FOCO

O uso de há/a, mais/mas

Há/a

1. Leia os títulos de notícia.

   I. **Conheça Feia, a mascote que vive há cinco anos no posto da PRF de Barra Velha**

   II. **Rio amanhece com céu nublado e há previsão de chuva ao longo do dia**

   III. **Terra terá menos 40 por cento de água daqui a 15 anos, anuncia a Unesco**

   a) Observe as palavras destacadas nos títulos I e II. Qual é a diferença de sentido entre elas?
   b) Que verbos poderiam substituir a palavra **há** nas orações I e II?
   c) Qual é a diferença de sentido entre "vive há cinco anos" e "daqui a cinco anos"?

   O verbo **haver** pode ter mais de um sentido, dependendo do contexto.
   - **Há**: indica tempo passado. Exemplo: Há 20 anos que eles não se encontravam.
   - **Há**: tem o sentido de "existir". Exemplo: Há muitos torcedores satisfeitos com a vitória do time.

   Quando a dúvida é sobre a escrita do há/a, devemos observar o sentido da frase para saber a grafia correta.
   - **Há**: tempo passado. Exemplo: Chegou há dez minutos.
   - **A**: tempo futuro. Exemplo: Chegará daqui a dez minutos.

Mais/mas

Leia o título de notícia e preste atenção nos sentidos das palavras **mais** e **mas** na oração.

A Terra está ficando **mais** verde, **mas** isso ainda não é o bastante para parar o aquecimento global

Observe que a palavra **mais** tem o sentido de quantidade de vezes. A palavra **mas** é uma conjunção adversativa cujo sentido é o de oposição de ideias. Ela pode ser substituída por outras conjunções adversativas, como **no entanto** e **porém**.

- **Há**: indica tempo passado e pode ter o sentido de existir.
- **A**: indica tempo futuro.
- **Mais** tem o sentido de quantidade ou intensidade.
- **Mas** é uma conjunção adversativa e tem o sentido de oposição de ideias.

ATIVIDADES

1. Complete os títulos das notícias com uma das palavras indicadas, de acordo com o sentido do texto.

   a) **Tecnologias tornam cidades (mas/mais) ▲ inteligentes, (mas/mais) ▲ vulneráveis a ciberataques**

   b) **Cinco idosas alimentam (mas/mais) ▲ de 1.300 cachorros por dia**

   c) **Prepare-se. Vem aí menos chuva, (mas/mais) ▲ (mas/mais) ▲ intensa**

   d) **Como seriam os céus da Terra (há/a) ▲ 10 bilhões de anos?**

   e) **Calor só chega daqui (há/a) ▲ duas semanas**

DICAS

📖 LEIA

As cientistas: 50 mulheres que mudaram o mundo, de Rachel Ignotofsky (Blucher).

O livro apresenta as contribuições de 50 mulheres que se destacaram nos campos da Ciência, Tecnologia, Engenharia e Matemática, desde a Antiguidade até a atualidade.

▶ ASSISTA

Estrelas além do tempo. EUA, 2017. Direção: Theodore Melfi, 127 min.

Baseado em fatos reais, o filme conta a história de três cientistas negras que trabalharam na Nasa na década de 1960, quando as leis de segregação racial ainda estavam em vigor nos Estados Unidos. O trabalho delas, praticamente desconhecido, foi fundamental para o avanço tecnológico que possibilitou a ida do primeiro americano ao espaço.

↑ Cia. Teatral Ciranda Mágica encena, em Socorro (SP), a peça *O Mágico de Oz*, em 2017.

UNIDADE 6
Que comece o espetáculo!

NESTA UNIDADE
VOCÊ VAI:

- ler textos dramáticos e estudar suas características;
- informar-se sobre o Bumba Meu Boi;
- estudar a transitividade dos verbos e seus complementos;
- produzir um texto dramático com base em um conto tradicional;
- estudar a grafia de palavras com o som de **z**;
- participar de um projeto de criação de espaços de expressão na escola.

1. Onde as pessoas estão?
2. O que elas estão fazendo?
3. Você costuma ir ao teatro ou assistir a espetáculos ao ar livre? Por quê?

CAPÍTULO 1

Neste capítulo, você vai ler um texto dramático e estudar as características desse gênero textual. Na seção **Estudo da língua**, verá a transitividade dos verbos e seus complementos.

ANTES DE LER

Veja estas imagens de alguns espetáculos teatrais.

↑Encenação da Cia. Lúdicos, em praça pública, da peça *Mário e as Marias*, em que foram utilizados textos inspirados na obra de Mário de Andrade.

←Encenação de *Chapeuzinho Vermelho* em teatro de sombras.

↑Encenação da peça *A Bela Adormecida* em Campinas.

↑Encenação do Bumba Meu Boi com mamulengos.

a) Você já viu alguma apresentação parecida com as mostradas nas fotos?

b) Que elementos são utilizados para compor espetáculos teatrais como esses?

c) Como são criados os textos para essas apresentações? Você conhece algum? Qual?

d) A imagem com mamulengos usados em uma adaptação teatral encenam uma festa brasileira muito tradicional. Você conhece essa festa?

LEITURA

O texto dramático que você vai ler é um trecho de uma das muitas versões do Bumba Meu Boi. Esta versão foi representada em 1953, coletada e reescrita pelo pesquisador cearense Eduardo Campos.

"Boi Paraense" (da Serrinha)

Personagens:	Vaqueiro
	Galante
	Galante II
	Doutor
	General
	General II
	Capitão
	Catirina
	Rainha
	Índios (4)
Figuras:	Papangus (3)
	Boi
	Burrinha
	Ema
	Caburé
Local:	Mondubim, residência do Sr. Joaquim
	Alves da Mota. Véspera de Reis (1953)

(Aproxima-se o grupo que exibe o bumba meu boi. À frente, fazendo passos e volteios, vem o boi. À ponta do chifre prende-se uma lamparina. Há gritos cadenciados dos vinte e poucos personagens que o seguem. "Éh boi!" — "Éh boi!". [...])

Vaqueiro: (Com um bastão na mão, dando pulos, vai até onde se encontram os promotores da festa). E canta:
"Entremos, entremos,
Em ordem de fogo!
Estamos com muita alegria
Com Nosso Senhor
Com a Virgem Maria!"

Coro: (Repete) "Entremos, entremos..."
[...]

Coro:	"Cai, cai, chuva miudinha
	Na copa do meu chapéu
	Eu também sou miudinho
	Como a estrelinha no céu.

Vaqueiro:	"Cajueiro pequenino
	Carregado de fulô
	Eu também sou pequenino
	Carregadinho de amô".

149

Coro: "Cai, cai, chuva miudinha... etc.".

Doutor: "A estrela mariante
          Esteve lá no alto mar
          Eu também sou mariante
          Para o mar vou navegar"

[...]

Coro: "Cai, cai, chuva miudinha... etc."

Doutor: "Menina dos olhos grandes
          Sobrancelha de veludo
          Seu pai não tem dinheiro
          Mas seu sorriso vale tudo..."

Coro: Cai, cai, chuva miudinha... etc."

(O Vaqueiro apita. Cessa o Coro. O Doutor já está mais afastado, batendo palmas).

GLOSSÁRIO

Caburé: espécie de coruja.
Mariante: variante regional (não dicionarizada) correspondente à mareante, que significa navegante, do mar.
Papangu: personagem mascarado, típico da Festa de Reis e do Carnaval.
Pinotar: dar pulos, pinotes; pinotear.

Vaqueiro: Quem está aí, batendo palmas?
Doutor: Pronto, seu Vaqueiro, sou eu...
Vaqueiro: Eu quem?
Doutor: O homem que vem vender um boi.
Vaqueiro: Vender um boi? E esse boi presta?
Doutor: Presta. Esse boi sabe fazer tudo. Dança, pinota, corre atrás de menino, é valente, dá pontada...
Vaqueiro: O boi é meu. Pago toda a minha fortuna por ele.
Doutor: Qual é a sua fortuna?
Vaqueiro: Necessidade, calafrio, tosse e preguiça.
Doutor: Não serve! O boi é bom mesmo. Só vendo por cem contos!
Vaqueiro: Pois é meu. No dia de São Nunca volte aqui e eu lhe pago.

(O boi se aproxima, fazendo passos, enquanto a orquestrinha já voltou a tocar outra vez. Há uma curiosidade de todos os personagens para ver o boi. O boi no meio do círculo continua fazendo volteios.)

[...]

Eduardo Campos. O texto teatral do bumba meu boi. In: *Estudos do folclore cearense*. Fortaleza: [s.n.], 1960. p. 17-20; 27-29. Disponível em: <www.eduardocampos.jor.br/_livros/f02.pdf>. Acesso em: 16 abr. 2019.

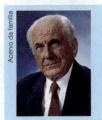

Manuel Eduardo Pinheiro Campos (Guaiúba, 1923 – Fortaleza, 2007). Foi radialista, jornalista, escritor, teatrólogo e pesquisador.

Até 7 anos de idade, viveu ao sopé da Serra da Aratanha, em Pacatuba. Como escritor, resgatou esses tempos e aquela paisagem rural com ares de sertão. Publicou mais de 70 livros.

AQUI TEM MAIS

O Bumba Meu Boi pelo Brasil

Você leu o trecho de uma versão do *Auto do Boi*. Essa história é conhecida em várias regiões do Brasil. Leia o texto a seguir e conheça algumas características desse personagem.

Boi, a estrela do folclore brasileiro

O boi é um personagem muito próximo do brasileiro, principalmente nas áreas rurais. Participando do dia a dia do brasileiro de uma forma tão intensa, que o boi passou a fazer parte também da imaginação do nosso povo.

E olha que a nossa imaginação é grande! Foi ela quem criou uma história e um dos grandes folguedos (brincadeiras, divertimentos) da nossa cultura: o bumba meu boi. Tá a fim de conhecer a história que deu origem a esse folguedo? Então, prepare-se!

↑ Apresentação de Bumba Meu Boi no Pelourinho, Salvador (BA), 2015.

Um boi foi comprado para a festa de aniversário da esposa de um fazendeiro. Nessa fazenda trabalhavam os negros Francisco, o Chico, e sua mulher Catarina. Catarina estava grávida e com desejo de comer língua de boi. Chico então resolveu procurar um. E matou o boi mais bonito, mais forte e mais caro da fazenda do patrão para agradar a esposa. O problema foi que o rico fazendeiro descobriu o que aconteceu e mandou prender Francisco.

Todos saíram à procura de um pajé (o médico dos índios) para ressuscitar o boi e salvar a pele de Chico. Assim que o boi foi ressuscitado, todos cantaram e dançaram.

Os estudiosos do nosso folclore contam que essa história surgiu provavelmente na época do ciclo do gado, nos séculos XVII (1601 a 1700) e XVIII (1701 a 1800). Eles também explicam que a história de Francisco e Catarina, dois negros, reflete as diferenças da sociedade nos séculos anteriores.

Os bois do Brasil

Francisco e Catarina fazem parte da encenação do bumba meu boi que acontece de norte a sul do Brasil. [...] Na região Centro-Oeste, ele é chamado de boi-da-serra; no sul, e principalmente em Santa Catarina, ele é o boi-de-mamão. E no Norte, lá no Pará e no Amazonas, o pessoal festeja o boi-bumbá.

Os folguedos do bumba meu boi na região Nordeste acontecem tradicionalmente entre o dia do Natal (25 de dezembro) e o dia de Reis (6 de janeiro). Mas no Maranhão, um estado nordestino, e nos estados do Norte, eles ocorrem principalmente durante as festas juninas. Lá no Maranhão, a festa é levada a sério. Em junho, as ruas de São Luís ficam cheias de bois coloridos, feitos de madeira ou de papel machê.

O nome pode até ser diferente; a data pode variar, mas a brincadeira e a alegria são as mesmas em qualquer lugar.

[...]

Boi, a estrela do folclore brasileiro. *Plenarinho*. Disponível em: <https://plenarinho.leg.br/index.php/2017/08/14/boi-estrela-folclore-brasileiro/>. Acesso em: 16 abr. 2019.

ESTUDO DO TEXTO

Apreciação

1. Você leu um trecho de uma versão da história do Bumba Meu Boi e o texto da seção **Aqui tem mais**. Você já conhecia essa história?

2. Na região onde você mora acontece essa manifestação cultural? Se sim, quais são suas características (nome, como se festeja etc.)?

3. Se não a conhecia, como imagina que seja a reação das pessoas ao assistir a essa representação?

4. Seus colegas que conhecem essa manifestação cultural têm a mesma opinião que a sua? Considerando o que eles disseram, você ficou curioso para conhecê-la? Por quê?

5. O texto lido apresenta outros textos da tradição popular. Quais deles você conhecia?

Interpretação

1. Você leu um texto dramático ou teatral. O texto dramático é escrito com a finalidade de ser representado. Essa representação pode ocorrer em vários lugares, como você observou na seção **Antes de ler**. Ao ser encenado, são acrescentados outros elementos ao texto, que podem ser: iluminação, figurino, sons, músicas e cenário.

    a) Quem são os possíveis leitores de um texto dramático?
    b) Com que finalidade eles leem esse texto?
    c) Qual é a diferença entre o leitor do texto dramático e o público que assiste à montagem teatral?

2. Sobre os elementos desse trecho, responda às perguntas a seguir.

    a) Que história é contada?
    b) Que personagens dialogam nesse trecho da história?
    c) Além desses personagens, que outros elementos aparecem?
    d) Em que espaço esse texto foi representado?
    e) Além dos diálogos, que elementos são responsáveis pela música e pelas canções?

3. Releia estas respostas do Vaqueiro ao Doutor.

> Doutor: Qual é a sua fortuna?
> Vaqueiro: Necessidade, calafrio, tosse e preguiça.
> Doutor: Não serve! O boi é bom mesmo. Só vendo por cem contos!
> Vaqueiro: Pois é meu. No dia de São Nunca volte aqui e eu lhe pago.

   a) Em sua opinião, com que objetivo o personagem dá essas respostas?
   b) Que reação essas respostas podem gerar na plateia?

4. Releia o início do texto. Como é indicado o personagem que vai falar?

5. Nesse início, são apresentados todos os personagens e as figuras, menos o coro.
- Quem, provavelmente, compõe o coro?

6. No texto não há narrador. Como conhecemos a história?

7. Releia estes trechos.

Trecho 1

(Aproxima-se o grupo que exibe o bumba meu boi. À frente, fazendo passos e volteios, vem o boi. À ponta do chifre prende-se uma lamparina. Há gritos cadenciados dos vinte e poucos personagens que o seguem. "Éh boi!" — "Éh boi!". [...])

Trecho 2

(O Vaqueiro apita. Cessa o Coro. O Doutor já está mais afastado, batendo palmas).

a) Como eles foram destacados do restante do texto?
b) O que cada trecho indica?
c) Para quem eles foram escritos?

Linguagem

1. Como você viu, os personagens recitam textos da tradição popular nesse texto dramático. Releia dois deles.

"Cajueiro pequenino
Carregado de fulô
Eu também sou pequenino
Carregadinho de amô".

"A estrela mariante
Esteve lá no alto mar
Eu também sou mariante
Para o mar vou navegar"

a) Esses poemas são denominados **quadrinhas**.
- Quais são as características das quadrinhas?
b) Que palavras foram transcritas como se fala?
c) Que efeito de sentido essa forma de escrever provoca no texto? Copie no caderno a alternativa incorreta.
- O texto registra como os personagens falam.
- O texto mostra formas de falar.

ENTRELAÇANDO LINGUAGENS

Você já conhece a história que deu origem ao *Auto do Boi*. Agora, vai ouvir uma versão narrada por uma moradora do estado do Maranhão, Terezinha Jansen, produtora cultural e proprietária de um grupo de bumba meu boi.

1. Assista ao episódio "O boi de Catirina" do programa *Vou te contar*, produzido pelo Canal Futura. O vídeo está disponível em plataforma da internet.

O cantor e compositor maranhense Zeca Baleiro apresenta o programa *Vou te contar*, do Canal Futura.

   a) Quando assistir ao vídeo, preste atenção aos itens a seguir e anote no caderno o que observar:
   - detalhes da história;
   - modo como dona Terezinha conta sua versão, seus gestos e expressões;
   - objetos que fazem parte do cenário;
   - presença de Zeca Baleiro, famoso cantor e compositor; a função dele na história;
   - presença de imagens que acompanham a narração da história; a função delas no vídeo.

   b) Compartilhe suas observações com os colegas.

2. Qual é a relação entre a história do boi de Catirina e as manifestações culturais no Maranhão?

Festa do Bumba Meu Boi. São Luís (MA), 2008.

Estudo da Língua

Transitividade verbal

Neste capítulo, será feita uma introdução ao conceito de transitividade verbal e de complementos verbais. No 8º ano, esse conteúdo será retomado e aprofundado.

1. Relembre uma parte da história do Boi que você leu no quadro **Aqui tem mais**, reescrita desta vez com adaptações.

> As pessoas **chamaram** um pajé para ressuscitar o boi e salvar a pele de Chico. Assim que o boi **ressuscitou**, todos **cantaram** e **dançaram**.

a) O sujeito é o termo com o qual o verbo concorda em número (singular e plural) e pessoa (1ª, 2ª ou 3ª). Com base nessa informação, qual é o sujeito do verbo **chamaram** no trecho?

b) Qual termo complementa o verbo **chamaram**?

c) Qual é a importância desse termo para a construção do sentido da oração?

d) Há necessidade de complementos para os verbos **ressuscitou**, **cantaram** e **dançaram** nessa frase? Por quê?

Os verbos que indicam ação ou fenômenos da natureza são chamados **verbos significativos**. Exemplos: chamar, ressuscitar, cantar, chover. Os verbos significativos podem ter uma predicação completa, ou seja, é possível entender seu sentido sem a necessidade de um complemento. Esses verbos são denominados **intransitivos** (exemplo: ressuscitar).

Com outros verbos, o sentido da forma verbal só se completa com o acréscimo de outro termo. Esses verbos são denominados **transitivos** (exemplo: chamar).

Mas atenção! A transitividade do verbo depende do contexto. Um mesmo verbo pode ser usado como intransitivo em uma oração e como transitivo em outra. Observe.

Todos **cantaram**. – verbo intransitivo

Todos **cantaram** a canção do boi. – verbo transitivo

Complementos verbais

Em uma oração, há termos que têm a função de complementar o sentido de verbos transitivos. São os complementos verbais.

1. Leia as orações.

> Catarina queria a língua do boi.
> O fazendeiro não gostou da ação de Chico.

a) Quais são os verbos de cada oração?

b) Que termos complementam cada um dos verbos?

Os verbos transitivos podem estar ligados aos complementos diretamente, isto é, sem preposição – **verbo transitivo direto** (queria) – ou indiretamente, por meio de preposições – **verbo transitivo indireto** (gostou). Veja outros exemplos.

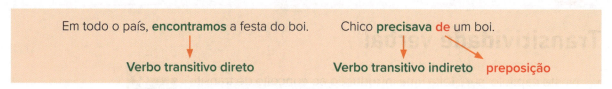

O verbo pode ter também dois complementos: um direto e outro indireto. Veja o exemplo a seguir.

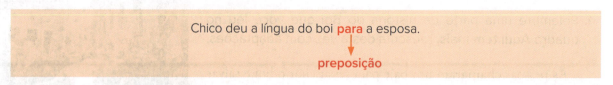

A língua do boi complementa diretamente o sentido do verbo **deu**. O outro complemento (**para sua esposa**) é ligado ao verbo **deu** indiretamente, por meio da preposição **para**.

ATIVIDADES

1. Leia a tirinha.

Armandinho. Disponível em: <www.facebook.com/tirasarmandinho/photos/a.488361671209144.113963.488356901209621/2048693608509268/?type=3&theater>. Acesso em: 21 jan. 2019.

a) O que podemos supor que seja o jogo de montar apresentado pelo menino? Justifique sua resposta.

b) Por que o menino não disse a verdade ao pai?

c) Na oração "Talvez precise de cola!", identifique o verbo e seu complemento.
   • O verbo, nessa oração, apresenta complemento direto ou indireto?

d) Na oração "Trouxe um jogo de montar para o senhor!", identifique o verbo e seus complementos.
   • O verbo, nessa oração, apresenta complemento direto ou indireto?

e) Qual é o sujeito na oração "Trouxe um jogo de montar para o senhor!"?
   • Explique como você identificou o sujeito dessa oração.

CAPÍTULO 2

Neste capítulo, você vai ler um texto dramático adaptado de um conto tradicional e conhecer detalhes da montagem dessa peça. Na seção **Produção escrita**, será sua vez de produzir um texto dramático com base em um conto. Vai, ainda, estudar a grafia de palavras com o som de **z** e participar de um projeto de criação de espaços de expressão na escola.

Você vai ler mais um texto dramático, adaptado de um famoso conto tradicional infantil. A montagem da peça ganhou o prêmio da Associação Paulista de Críticos de Arte (APCA) na categoria Melhor Texto Adaptado.

1. Como você imagina que se faz a adaptação de um texto para o teatro?

2. Em sua opinião, é uma tarefa fácil adaptar um conto tradicional para texto dramático? Por quê?

3. O texto que você vai ler é uma adaptação de *Os três porquinhos*. Como será que esse texto foi adaptado?

Leia o texto e veja se suas hipóteses se confirmam.

Os três porquinhos

Personagens: Pipo, Pepe, Frederico Afonso, Zezinho, Pedrinho, Lobo, Tia Porpeta, Chapeuzinho, Coelhinho, Papai Noel

        CENA 1 – Pipo e Pepe

Num açougue.
Pipo e Pepe cantam.

PIPO: Meu nome é Pipo.
PEPE: Meu nome é Pepe.
PIPO e PEPE: Somos açougueiros do açougue Pipo-Pepe.
Nosso açougue é especial, nosso açougue é diferente.
Se você quiser provar, vem aqui falar com a gente.
Temos carne de banana, de maçã e de abacate.
Temos carne de martelo, de prego e de alicate.
Temos carne de cebola, de tomate e de vinagrete.
Temos carne de boneca, de carrinho e de patinete.
Nosso açougue é especial, nosso açougue é diferente.
Se você quiser provar, vem aqui falar com a gente!

O telefone toca: TRIIIM.

PEPE:	Alô? Açougue Pipo-Pepe!
TELEFONE:	Blá-blá-blá-blá-blá!
PEPE:	Carne de martelo? Um momento...

Pepe vira-se para Pipo.

PEPE:	Pipo, temos carne de martelo?

Pipo procura nos fundos do açougue, atirando coisas para todo lado.

PIPO:	Sim, temos carne de martelo!

Pepe volta ao telefone.

PEPE:	Entregaremos em uma hora!

Pipo e Pepe cantam.

[...]

PIPO E PEPE:	Nosso açougue é especial, nosso açougue é diferente. Se você quiser provar, vem aqui falar com a gente!

CENA 2 – Não tem carne de porco!

O telefone toca: TRIIIM.

PEPE:	Alô? Açougue Pipo-Pepe!
TELEFONE:	Blá-blá-blá-blá-blá!
PEPE:	Carne de porco?

Pepe vira-se para Pipo.

PEPE:	Pipo, temos carne de porco?

Pipo procura nos fundos do açougue, atirando coisas para todo lado.

PIPO:	Não!
PEPE (*assustado*):	Mas como não temos carne de porco? Procure melhor!

Pipo desaparece e ouve-se uma barulheira enquanto Pepe cantarola uma música ao telefone.

PEPE:	Achou?

Pipo reaparece.

PIPO:	Não!

[...]

Simone Matias

Pepe volta ao telefone.

PEPE: É carne de porco o que o senhor quer? Entregaremos em uma hora!

PIPO: Mas como entregaremos em uma hora se não temos carne de porco?

PEPE: É que eu sempre digo que entregaremos em uma hora!

PIPO: Ah é... Eu também sempre digo que entregaremos em uma hora.

[...]

PEPE: Precisamos encontrar um fornecedor que nos forneça carne de porco, não precisamos?

PIPO: Precisamos! Mas como vamos encontrar um fornecedor que nos forneça carne de porco se nunca um fornecedor nos forneceu carne de porco e os únicos porcos que vimos na vida são...

PIPO E PEPE (*tendo uma grande ideia*): ... os porcos do chiqueiro da Tia porpeta em Muzambinho!

PIPO: Tia Porpeta?

PEPE: Muzambinho?

PIPO E PEPE (*de frente um para o outro, falando juntos*): Vai você! Eu que não vou!

PEPE: Uni, duni, tê!

Pepe faz a brincadeira e ganha o jogo prositalmente.

PIPO (*desesperado*): Mas como é que eu vou pegar os porquinhos? Eu nunca peguei um porco na vida! Eu não sei como se pega porco!

[...]

PEPE: Pipo! Quando você chegar lá, pensa em um plano de ação. Senão, me liga, está entendendo?

PIPO (*gaguejando*): Estou, você é que não está... Eu não...

PEPE (*determinado*): Chega! Pipo, você vai até o chiqueiro da Tia Porpeta em Muzambinho pegar aqueles três porquinhos!

CENA 3 – Pipo se despede de Pepe e parte

Pepe entrega para Pipo uma mala, um cachecol e uma escova de dente. Pipo caminha para a plateia como se estivesse indo para Muzambinho. Enquanto isso, Pepe muda totalmente o cenário, que agora, é o chiqueiro da casa da Tia Porpeta. Pepe também sai de cena.

CENA 4 – Os porquinhos são três

No chiqueiro, entra um porquinho de cada vez.

PEDRINHO: Oi! Eu sou o Pedrinho! Sou um porquinho!

ZEZINHO: Oi! Eu sou o Zezinho! Sou outro porquinho!

FREDERICO AFONSO: Oi! Eu sou o Frederico Afonso! O Pedrinho, o Zezinho e eu...

PEDRINHO, ZEZINHO E FREDERICO AFONSO
(falando juntos): ... somos os três porquinhos!

[...]

CENA 9 – O lobo chega

ZEZINHO: E agora, do que vamos brincar?
PEDRINHO: De esconde-esconde!

ZEZINHO E PEDRINHO
(falando juntos): Eu me escondo! Você conta!

ZEZINHO: Uni, duni, tê,

salamê minguê,
um sorvete colorê,
pra você lamber!

Zezinho faz a brincadeira para saber quem vai contar e ganha o jogo propositalmente.

PEDRINHO: Tá bom, eu conto. Vá se esconder!

Zezinho sai de cena para se esconder.

PEDRINHO: Um, dois, três...

Pedrinho malandramente para de bater cara e começa a procurar Zezinho.

O lobo entra em cena e começa a perseguir Pedrinho. Durante a perseguição, o telefone celular que está no bolso de Pedrinho toca. Pedrinho para de correr para atender.

PEDRINHO:	Alô? É o Pedrinho, com quem quer falar?
	(pausa)
	Com o Pipo?
LOBO:	É para mim. Alô? Um instantinho, por favor!

O lobo assusta Pedrinho com um grande berro. O porquinho, então, sai correndo.
O lobo tira a máscara e a plateia percebe que é Pipo fantasiado.

LOBO/PIPO:	Puxa, Pepe! Você está me atrapalhando! Eu estava quase pegando um porquinho!

Som de alguém falando ao telefone.

LOBO/PIPO:	Se eu tenho um plano de ação? Tenho um plano de ação animal! Porque eu pensei assim: um plano de ação animal tem de ser animal, e animal que gosta de porco é lobo! Você está entendendo, está entendendo?

Som de alguém falando ao telefone.

LOBO/PIPO:	Claro que está fácil! Eu estou disfarçado de lobo! Dá uma olhada! Olha! Olha!

Pipo vira o visor do telefone na sua direção, como se seu interlocutor pudesse vê-lo.

LOBO/PIPO:	Agora, pare de me telefonar, que está me atrapalhando!

Pipo guarda o telefone no bolso.

LOBO/PIPO:	Esses porquinhos vão ver, não perdem por esperar!

Pipo sai de cena.

[...]

> **GLOSSÁRIO**
>
> **Muzambinho:** cidade do interior do estado de Minas Gerais, com a economia baseada na agricultura, na pecuária e no artesanato.

Alexandra Golik e Carla Candiotto. *Os três porquinhos.*
São Paulo: Panda Books, 2012.
p. 5, 7, 9,12-16,19, 30-31.

Alexandra Golik é atriz, diretora, autora e diretora artística do Teatro Viralata Espaço Capital. Formada em Artes Cênicas pela Escola de Comunicações e Artes da USP, morou quatro anos em Paris, onde estudou e fundou, junto com Carla Candiotto, a Cia. Le Plat du Jour. Recebeu diversos prêmios, entre os quais o Femsa Melhor Atriz 2003, por *Os três porquinhos*.

Carla Candiotto é atriz, diretora, autora e produtora teatral. Iniciou sua formação profissional na Europa, onde viveu por 10 anos. Atuou e dirigiu espetáculos em diversos países europeus, além de China e Austrália. É cofundadora e codiretora da Cia. Le Plat du Jour. Ao longo de sua carreira, recebeu diversos prêmios, entre eles quatro prêmios Associação Paulista de Críticos de Arte (APCA).

Apreciação

1. Qual é sua opinião sobre essa adaptação do conto *Os três porquinhos* para o teatro? Justifique.

2. O que mais lhe chamou a atenção nessa adaptação? Por quê?

3. Sua hipótese sobre a adaptação se confirmou? Por quê?

4. Antes de ler o texto, você elaborou uma hipótese sobre como se faz uma adaptação. Depois de ler o texto, sua hipótese se modificou?

Interpretação

1. Como você viu, o texto dramático foi adaptado do conto tradicional *Os três porquinhos*.
   a) Para que público esse texto foi adaptado?
   b) Que personagens foram acrescentados à adaptação no trecho que você leu?
   c) Que fato desencadeia o conflito no texto?
   d) Por que o lobo quer pegar os porquinhos nessa adaptação? E no texto original?
   e) Em que cenário o texto dramático e o conto original se desenvolvem?

2. Um texto dramático pode ser dividido em **cenas**.
   a) Como é apresentada cada nova cena no texto dramático?
   b) Em quais cenas são apresentados personagens?
   c) Qual das cenas apresentadas mostra apenas uma troca de cenário?

3. Como é indicado o personagem que vai falar?

4. Releia estes trechos e observe as palavras e o texto em itálico.

Trecho 1	Trecho 2
PIPO (*gaguejando*): **PEPE** (*determinado*):	*Num açougue.*

Trecho 3

O lobo entra em cena e começa a perseguir Pedrinho. Durante a perseguição, o telefone celular que está no bolso de Pedrinho toca. Pedrinho para de correr para atender.

a) O que cada trecho indica?
b) Para quem eles foram escritos?

5. Releia este trecho.

Durante a perseguição, o telefone celular que está no bolso de Pedrinho toca. Pedrinho para de correr para atender.

PEDRINHO: Alô? É o Pedrinho, com quem quer falar?
(pausa)
Com o Pipo?
LOBO: É para mim. Alô? Um instantinho, por favor!
O lobo assusta Pedrinho com um grande berro.
O porquinho, então, sai correndo.
O lobo tira a máscara e a plateia percebe que é Pipo fantasiado.
LOBO/PIPO: Puxa, Pepe! Você está me atrapalhando!
Eu estava quase pegando um porquinho!

a) Que situação gera humor nessa cena? Por quê?

b) Que outra situação no texto dramático também provoca humor? Por quê?

6. Releia, no início do texto, a apresentação dos personagens.

a) Que personagens, além dos açougueiros, não fazem parte do conto original?

b) Você consegue imaginar em que situações esses personagens podem aparecer e o que podem fazer no texto? Quais seriam essas situações?

7. Releia o "plano de ação" de Lobo/Pipo.

[...] Tenho um plano de ação animal! Porque eu pensei assim: um plano de ação animal tem de ser animal, e animal que gosta de porco é lobo! Você está entendendo, está entendendo?

• Em sua opinião, de acordo com esse plano ele já conhecia *Os três porquinhos*? Por quê?

8. Assista a dois vídeos da Cia. Le Plat du Jour:

• um com o trecho inicial da montagem de *Os três porquinhos*, de 2015, no Teatro do Centro Cultural da Penha;

• outro com um clipe da adaptação para o Teatro Rá Tim Bum, programa da TV Cultura, anos antes.

Ambos os vídeos estão disponíveis no *site* da Cia. Le Plat du Jour: <www.cialeplatdujour.com/videos> (acesso em: 23 jan. 2019).

a) Quais são as diferenças entre os cenários e a caracterização dos personagens Pipo e Pepe no teatro e no programa Teatro Rá Tim Bum?

b) No clipe da adaptação para o Teatro Rá Tim Bum é possível perceber que pelo menos mais um trecho do conto tradicional foi mantido. Você sabe qual é?

c) Qual é a diferença entre o leitor do texto dramático e o público que assiste à montagem teatral ou ao programa da TV Cultura?

163

AQUI TEM MAIS

A peça

A montagem de *Os três porquinhos* da Cia. Le Plat du Jour (que significa "O prato do dia") ganhou, em 2003, o prêmio APCA na categoria Melhor Texto Adaptado e o Prêmio Coca-Cola Femsa nas categorias Melhores Atrizes e Melhor Direção.

Na montagem, duas atrizes se revezam para interpretar os personagens em cena.

Essa adaptação brinca com o fato de que o lobo é, na verdade, outro personagem disfarçado. Assim, uma história é contada dentro de outra: Pipo precisa de carne de porco.

Para isso, se disfarça de lobo e vive a história do conto clássico e ainda introduz personagens de outras histórias.

Uma das características marcantes do texto são os diálogos rápidos, às vezes absurdos, lembrando o estilo de humor *nonsense* (expressão inglesa que significa "sem sentido").

O que importa, em muitos desses diálogos, é a sonoridade, o ritmo e o aspecto lúdico, bem como a comicidade.

Fonte: Alexandra Golik e Carla Candiotto. *Os três porquinhos*. São Paulo: Panda Books. 2012. p. 64-65.

↑ As atrizes Aline Moreno e Vivian Bertocco em cena na peça *Os três porquinhos*, da Cia. Le Plat du Jour, em 2011.

Linguagem

1. Releia este trecho do texto dramático.

> **PEPE**: Pipo! Quando você chegar lá, pensa em um plano de ação. Senão, me liga, está entendendo?
> **PIPO** *(gaguejando):* Estou, você é que não está... Eu não...
> **PEPE** *(determinado)*: Chega! Pipo, você vai até o chiqueiro da Tia Porpeta em Muzambinho pegar aqueles três porquinhos!

a) Que sinal de pontuação foi utilizado na fala de Pipo para indicar que ele está gaguejando?

b) Que sinal de pontuação foi utilizado na fala de Pepe para indicar sua determinação?

c) Qual é a importância da pontuação no texto dramático?

2. Releia este outro trecho e explique o sentido da palavra **animal** em cada ocorrência.

> **LOBO/PIPO:** Se eu tenho um plano de ação? Tenho um plano de ação **animal!** Porque eu pensei assim: um plano de ação animal tem de ser animal, e **animal** que gosta de porco é lobo! Você está entendendo, está entendendo?

O QUE APRENDEMOS COM O ESTUDO DE TEXTO DRAMÁTICO

- É escrito para indicar como as cenas devem ser representadas, como o cenário deve ser produzido, como serão os figurinos etc.
- Há diálogos entre os personagens, que dão ao espectador a sensação de estar na cena.
- Os textos dramáticos nem sempre têm narrador. Conhecemos a história por meio do diálogo entre os personagens e pelas indicações entre parênteses.
- **Rubricas** são palavras ou frases que indicam o cenário, as ações, os gestos, o tom de voz dos personagens etc. Podem indicar também a música, os efeitos sonoros e a iluminação. Geralmente aparecem com letra diferente do restante do texto e entre parênteses.
- As **rubricas** orientam o diretor, os atores e demais envolvidos na montagem do espetáculo, na movimentação em cena, na entonação de voz adequada às falas etc.
- Alguns textos dramáticos são divididos em partes chamadas de **atos**. Cada ato divide-se em **cenas**, que marcam a mudança de cenário e a entrada e saída dos personagens do palco.
- No início do texto, muitas vezes, há indicações do local, da época em que ocorre a história e dos personagens que dela participam.
- A **adaptação** consiste em transformar o gênero de um texto em outro. No caso do Bumba Meu Boi, uma manifestação popular foi transformada em texto dramático; no caso de *Os três porquinhos*, um conto foi transformado em texto dramático.
- Uma adaptação pode incluir a visão pessoal dos autores, mas, ainda assim, deve remeter ao texto original.

DICAS

📖 LEIA

A bailarina fantasma, de Socorro Acioli (Companhia das Letras).

Primeiro volume da série Anabela em Quatro Atos, em que cada livro se passa num grande teatro brasileiro diferente. Na história, Anabela terá que descobrir o mistério por trás da bailarina translúcida que vaga pelo Theatro José de Alencar, em Fortaleza.

Curupira, de Roger Mello (Manati).

Um assobio aqui, outro mais adiante e quando se vê... Curupira está mais vivo do que nunca. Recebeu o prêmio de Melhor Livro de Teatro FNLIJ 2004.

Pequena viagem pelo mundo do teatro, Hildegard Feist (Moderna).

Esse livro apresenta os autores mais significativos de alguns períodos da história do teatro ocidental e conta, de modo resumido, algumas de suas peças mais importantes.

O mistério do fundo do pote, de Ilo Krugli (Edições SM).

Na cidade de Três Saudades não existe fome. Todos ali se alimentam das sementes e farinhas da Casa dos Grãos, cujos potes guardam mistérios. Neles, a sonhadora Rosa encontra contas de cristal e faz com elas um colar, passando a ser perseguida por isso.

Texto dramático e montagem teatral

Para começar

Com certeza você e seus colegas conhecem muitos contos tradicionais. Esta produção de texto será um desafio: adaptar um conto tradicional para um texto dramático.

Nessa adaptação, vocês poderão usar o estilo *nonsense* de *Os três porquinhos*, além de incluir novas situações e personagens. Porém, se preferirem uma adaptação mais tradicional, não há problema.

O importante é ter em mente que o texto será montado por você e mais dois ou três colegas (a depender do conto escolhido) e será apresentado num Festival de Teatro para os alunos do Ensino Fundamental I.

Planejar

1. Junto com a turma e o professor, faça uma lista dos contos tradicionais infantis que conhecem (de oito a dez contos). Os contos devem ter poucos personagens (quatro a cinco, no máximo) e não podem ser muito longos.
2. Definam com o professor quantos de vocês serão necessários para adaptar cada um dos contos. Depois, vejam quantos contos serão adaptados.
3. Nem sempre o número de alunos por conto será fixo. Por exemplo: se escolherem o conto *Rapunzel*, com cinco personagens, quatro a cinco alunos poderão fazer a adaptação e a apresentação.
4. Depois de decidirem o conto e a formação dos grupos, é hora de pesquisarem os contos na biblioteca da escola ou na internet. Assim, vocês terão uma boa base para o texto.

Desenvolver

Etapa 1 – Adaptação do texto

1. Junto com os colegas, leia algumas vezes o conto.
2. Na escrita do texto dramático, apresentem primeiramente os personagens.
3. Transformem as falas do narrador em diálogos. Lembrem-se de que a linguagem deverá ser adequada a alunos mais novos que vocês, do Ensino Fundamental I.
4. Indiquem com rubricas entre parênteses:
   - o cenário em que a cena vai ser representada;
   - a movimentação dos personagens;
   - os sentimentos, as ações e a entonação de voz dos personagens.
5. Escrevam os diálogos entre os personagens, indicando-os pelo nome ou pela característica de cada um. Exemplos:
   - RAPUNZEL
   - BRUXA
   - VIZINHO DA BRUXA
6. Usem, nas falas, a pontuação adequada: ponto de exclamação, ponto final, ponto de interrogação, parênteses (nas rubricas), reticências etc.
7. Se quiserem acrescentar personagens ou situações, vocês podem fazê-lo.
8. Dividam o texto em cenas para mostrar a passagem de um cenário a outro.

Etapa 2 – Planejamento da montagem e apresentação

1. Nem o cenário nem o figurino precisam ser muito elaborados. É preciso garantir os elementos que aparecem na cena, que podem ser produzidos com caixas de papelão e outros materiais recicláveis.
2. Os figurinos podem ser roupas comuns, com adereços básicos para remeter às características dos personagens.
3. Vocês não precisam cantar no espetáculo. Podem, apenas, utilizar um fundo musical.

Rever

1. Respondam **sim** ou **não** às perguntas a seguir.
   a) A divisão em cenas ficou adequada? Mostra a passagem de um cenário a outro?
   b) No texto adaptado, as falas do narrador foram transformadas em diálogos?
   c) A linguagem está adequada a crianças de 6 a 10 anos?
   d) Foram indicados, com rubricas entre parênteses:
      - o cenário em que a cena vai ser representada?
      - a movimentação dos personagens?
      - os sentimentos, as ações e a entonação de voz dos personagens?
   e) Foram indicados os nomes dos personagens que vão falar?
   f) Foi utilizada a pontuação adequada?
2. Se você e seus colegas responderam **não** a alguma pergunta, revejam esse aspecto no texto.
3. Entreguem o texto ao professor, que também fará uma revisão e auxiliará com sugestões.

Preparar e ensaiar

1. Decidam quem fará qual(is) personagem(ns). Decorem as falas e utilizem itens do figurino (apenas para identificar os personagens).
2. Ensaiem antes e depois das falas decoradas: utilizem as rubricas e a pontuação para mostrar os sentimentos, as hesitações, a entonação e a expressividade dos personagens. Ensaiem também a passagem das cenas, as mudanças de cenário (se necessário) e o deslocamento no espaço.
3. Vocês podem até alterar o texto durante os ensaios, se algo não der certo, e incluir cenas para mudanças de cenário.
4. Alguns cenários (como floresta, casas de camponeses, castelos etc.) podem ser feitos em conjunto com toda a turma e utilizados por todos.

Apresentar

1. No dia combinado com a turma do Ensino Fundamental I, façam a apresentação ensaiada.
2. Se possível, filmem o espetáculo.

Grafia dos sons de z

1. Leia a tirinha.

Bill Watterson. *Calvin e Haroldo*. Disponível em: <http://depositodocalvin.blogspot.com.br/2013/01/calvin-haroldo-tirinha-610-21-de-julho.html>. Acesso em: 13 set. 2018.

a) Calvin fica desapontado com seu pai. Por quê?
b) Identifique, nos balões de fala, as palavras que têm o mesmo som da letra **z** em **certeza**.
c) Que letras representam esse som?

O som do **z** pode ser também representado por diferentes letras. Quando escrevemos palavras com esse som, podemos ter dúvidas sobre a letra que deve ser usada. Leia o quadro a seguir com regras de ortografia que podem ajudar na hora de escrever.

	Regra	**Exemplo**
Uso da letra s	Verbos terminados em **-isar**, derivados de palavras que já tem **s** em seu radical.	análise – analisar pesquisa – pesquisar
	Adjetivos terminados em **-oso**, **-osa**.	luminosa, gostosa
	Depois de ditongos.	coisa, causa
	Nas conjugações dos verbos querer e pôr.	quiser, puser
	Usa-se antes do sufixo indicador de diminutivo **-inho** quando a letra **s** já fizer parte do radical da palavra de origem.	casa – casinha
Uso da letra z	Substantivos abstratos derivados de adjetivos.	limpo – limpeza
	Verbos formados com a terminação **-izar**, quando derivados de palavras que não possuam o **z**.	concreto – concretizar
	Usa-se antes do sufixo indicador de diminutivo **-inho** quando a palavra de origem não tiver o radical terminado com a letra **s**.	pão – pãozinho; bom – bonzinho
Uso da letra x	Em algumas palavras o som /z/ é representado pela letra **x**.	exato, exibir, exuberante

ATIVIDADES

1. Copie os títulos a seguir no caderno. Substitua ▲ por **s** ou **z**, justificando o uso da letra.

   a)
   > **Peça sem atores deixa público curio▲o, mas um pouco confuso**

   b)
   > **Projeto usa sonar para pesqui▲ar vida do peixe-boi em estuário na Paraíba**

   c)
   > **Passeie pelo círculo da nobre▲a imperial em Petrópolis (RJ)**

   d)
   > **Caderno permite escrever e apagar as vezes que qui▲er**

2. Copie no caderno a alternativa correta.

   > O uso das letras **s** e **z** em **vitorioso** e **certeza** é justificado, respectivamente, pela mesma regra das palavras:

   a) gostoso/colonização
   b) causa/esperteza
   c) mentirosa/firmeza
   d) abusar/concretizar

3. Forme palavras derivadas. Preste atenção ao uso das letras **s** ou **z**.
   a) gosto
   b) belo
   c) limpo
   d) jeito

4. Copie a alternativa em que a grafia está correta em todas as palavras. Se precisar, consulte o quadro da página 168.
   a) vitoriozo – exemplo – rosa
   b) vitorioso – ezemplo – rosa
   c) vitorioso – exemplo – roza
   d) vitorioso – exemplo – rosa

169

CONSTRUIR UM MUNDO MELHOR

Novos espaços – lugares de expressão

A escola é um espaço de convivência e troca entre as pessoas que a frequentam. O que vocês gostariam de sugerir para criar espaços de expressão e de integração entre os alunos?

O que fazer

Para saber os espaços de convivência que as pessoas da escola gostariam de criar, primeiro é preciso saber a opinião delas.

Por meio de uma enquete será possível fazer um levantamento de sugestões e escolher algumas ações para desenvolver na escola.

Uma enquete consiste no levantamento de opiniões representativas de um grupo sobre um assunto de interesse geral que envolve um número restrito de entrevistados. A enquete traz uma ou mais perguntas com alternativas, que devem ser respondidas pelos alunos. Os dados recolhidos são tabulados e depois analisados.

Veja a seguir um exemplo de enquete com alternativas.

Qual é seu esporte favorito?
- natação
- futebol
- judô
- outros
- basquete
- voleibol
- corrida

↑ Biblioteca da Cooperativa Educacional de São Roque de Minas (MG), 2017.

↑ Biblioteca em Sumaré (SP), 2015.

Como fazer
Preparação

As questões da enquete devem ser levantadas pela turma, com a orientação do professor. Vocês podem sugerir cinco ou seis alternativas e deixar uma linha em branco para sugestões. Algumas possibilidades: canto para expressão poética; mural de notícias da comunidade; mural para grafite; canto de leitura (música, debate, jogos) etc.

A enquete também pode trazer perguntas sobre onde o espaço será instalado. O professor orientará quais espaços podem ser modificados e ganhar um novo uso.

Escolhidas as questões, organizem-se para fazer a enquete. Decidam quantos serão os participantes e como a enquete será feita: de modo virtual ou presencialmente.

Depois de realizada a enquete, tabulem os dados, calculando o número de respostas de um ou outro tipo, contando quais foram as alternativas mais votadas.

Planejamento da ação

Com o resultado em mãos, é hora de divulgá-lo a todos e convidar as pessoas a participar da construção ou organização do novo espaço. Depois, planejem, junto com o professor, como será realizada a ação vencedora: etapas do trabalho, tarefas, materiais, formação dos grupos e divisão das tarefas.

Veja um exemplo de planejamento de uma ação para a criação de um espaço para leitura e declamação de poemas.

1. Pensar em como identificar o lugar: pintar a parede com algum desenho representativo, colar cartazes explicativos, pintar bancos coloridos para os ouvintes etc.
2. Providenciar o material necessário para preparar o lugar: fazer lista, ver se é possível a doação de objetos e tintas com os responsáveis da escola ou com os familiares.
3. No dia combinado com o professor, colocar a mão na massa e fazer as modificações necessárias. Cada grupo fica responsável por uma tarefa.
4. Para que haja um bom uso do espaço, é importante criar regras que possibilitem a convivência harmônica. A turma, junto com o professor, estabelece: os horários de uso, como os alunos podem usar o espaço (É preciso se inscrever? Há uma lista? Haverá sorteio?), o que é permitido ou proibido etc.

Apresentar

Com o novo espaço de integração e expressão pronto, é hora de ocupá-lo. Em uma data marcada, os grupos organizam-se para fazer as apresentações. Depois desse dia especial, o espaço fica liberado, seguindo as regras de uso e convivência criadas pela turma.

Avaliar

Depois da inauguração, é importante avaliar todo o projeto. As perguntas a seguir podem ajudar na avaliação.

- A enquete chegou a um resultado representativo das preferências dos alunos?
- O grupo se organizou e dividiu o trabalho de preparação do espaço?
- Quais foram os pontos positivos do trabalho?
- Quais foram as dificuldades encontradas e como elas foram superadas?
- O que poderia ser feito para melhorar o trabalho do grupo?

↑ Jovens entrevistam mulher idosa em rua de São Paulo (SP), 2012.

UNIDADE 7
Como e para que fazer relatórios?

NESTA UNIDADE
VOCÊ VAI:

- ler trechos de um relatório de pesquisa e conhecer as características desse gênero textual;
- estudar o processo de formação de palavras por derivação;
- fazer uma pesquisa e registrar os dados obtidos;
- estudar a grafia de palavras com o som de **s**.

1. Observe a imagem. Ela retrata uma situação em que uma pessoa está colhendo dados para uma pesquisa de opinião. Com que finalidade você supõe que seja feito esse tipo de pesquisa?
2. Quem são as pessoas que participam de uma pesquisa de opinião?
3. Como você supõe que os resultados de pesquisa sejam divulgados?
4. Você já participou de uma pesquisa de opinião?
5. O que você imagina que seja necessário para se fazer uma pesquisa como essa?

CAPÍTULO 1

Neste capítulo, você vai ler trechos de um relatório de pesquisa e conhecer as características desse gênero textual. Vai também estudar a formação de palavras por derivação.

ANTES DE LER

Veja abaixo algumas capas de relatórios.

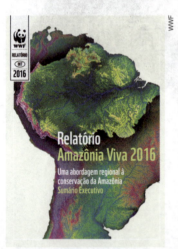

1. Pela observação das capas, o que você imagina que há nos relatórios?
2. A quem interessa a leitura dos relatórios das entidades SOS Mata Atlântica e WWF?
3. Qual seria o foco do relatório do Pnud sobre desenvolvimento humano?

LEITURA

Você vai ler as primeiras páginas do relatório da pesquisa "Juventude conectada 2". A pesquisa teve duas etapas: uma qualitativa e outra quantitativa. O resultado que você verá é da pesquisa quantitativa.

1. Pelo título da pesquisa, do que você imagina que ela trata?
2. Para que você imagina que essa pesquisa foi elaborada?
3. Qual é, para você, a diferença entre qualitativa e quantitativa?

Leia trechos do relatório e verifique se suas hipóteses serão confirmadas.

Juventude conectada 2 – Parte 1

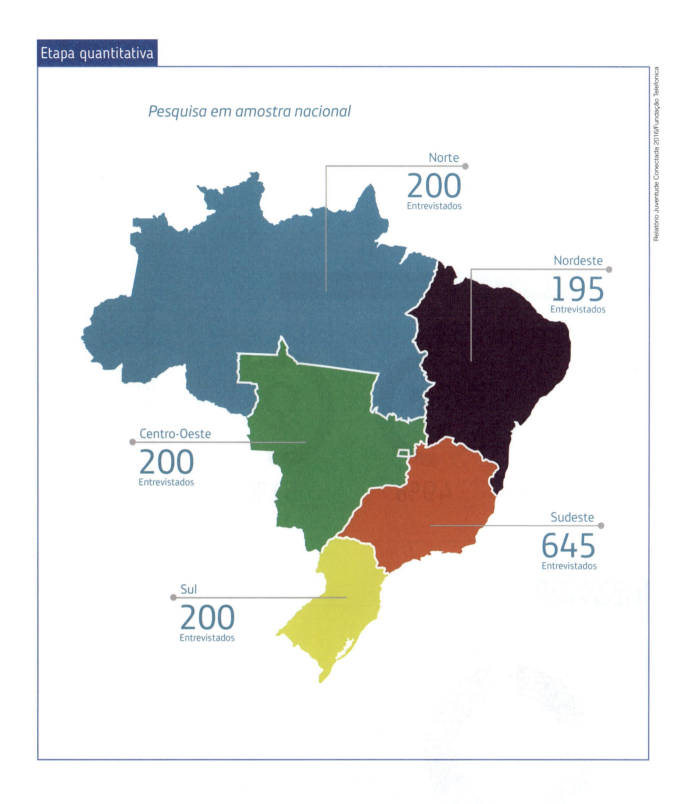

O número de entrevistados por região

A amostra foi dividida em cotas proporcionais.
As capitais incluem os municípios de suas regiões metropolitanas.
O interior é representado pelas cidades de grande porte em cada estado.

Região	Capital	Interior
Norte	130	70
Nordeste	110	85
Centro-Oeste	110	90
Sudeste	335	310
Sul	70	130
Total	**755**	**685**

1.440

Quem são, onde estudam, quantos anos têm?

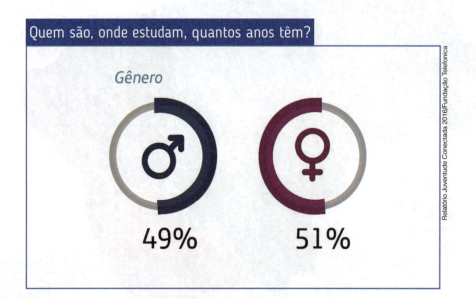

Classe econômica

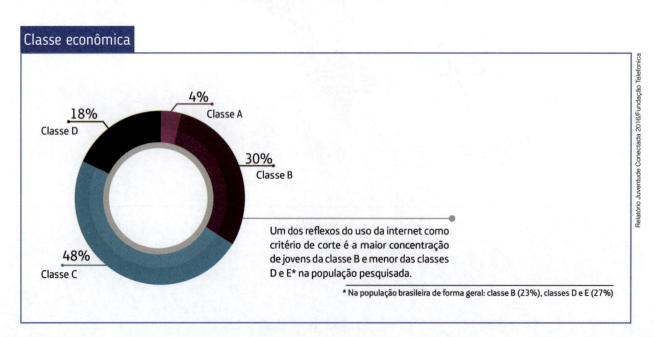

Um dos reflexos do uso da internet como critério de corte é a maior concentração de jovens da classe B e menor das classes D e E* na população pesquisada.

* Na população brasileira de forma geral: classe B (23%), classes D e E (27%)

Faixa etária

Uma mudança relevante nesta segunda edição do estudo foi a faixa etária da amostra pesquisada. A idade limite, que em 2013 era de 24 anos, foi estendida para até 29 anos e a inicial, originalmente de 16, passou para 15 anos. Assim, o critério passa a coincidir com o estabelecido pelo Estatuto da Juventude. A mudança também reflete um dos aprendizados da etapa PerguntAção: o de que o próprio público-alvo do estudo entende como "jovens" os indivíduos entre 15 e 29 anos.

Faixa etária	2013	2015
15 anos	-	7%
16 - 19 anos	51%	29%
20 - 24 anos	49%	32%
25 - 29 anos	-	32%
Média	**20 anos**	**22 anos**

De forma geral, a mudança não teve impacto significativo sobre os resultados. Exceto por um aumento na proporção de jovens que apenas trabalham e de jovens com ensino superior completo, detalhadas a seguir.

Ocupação*

Ocupação	2013	2015	População brasileira (15-29 anos)*
Apenas estuda	33%	25%	23%
Estuda e trabalha	31%	23%	13%
Apenas trabalha	25%	36%	44%
Nem estuda nem trabalha	11%	15%	20%

* PNAD 2014

Relatório Juventude Conectada 2016/Fundação Telefonica

Escolaridade*

Escolaridade	2013	2015
Sabe ler	1%	2%
Ensino fundamental	14%	18%
Ensino médio	61%	53%
Superior incompleto	21%	14%
Superior completo	3%	14%

Instituição de ensino

Tanto em 2013 quanto em 2015, as escolas públicas predominaram. No entanto, como se pode verificar a seguir, a proporção entre instituições públicas e privadas se inverte no ensino superior para os jovens entrevistados nesta segunda edição.

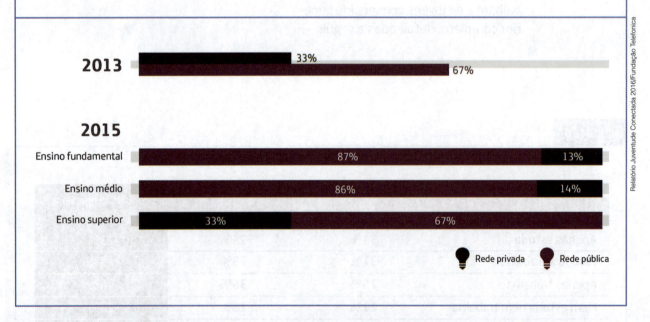

*Devido aos arredondamentos do programa de planilhas, os números relativos a algumas dessas categorias podem variar de 98% a 102%.

1- Perfil do entrevistado

F1. Praça que reside: _____

F2. Sexo: ( ) Masculino   ( ) Feminino

F3. Idade: ____ anos

F4. Dados de classificação econômica - novo critério Brasil 2015

Todos os itens eletroeletrônicos que vou citar devem estar funcionando, incluindo os que estão guardados. Caso não estejam funcionando, considerem apenas se tiver intenção de consertar ou repor nos próximos seis meses.

No domicílio tem...

	NÃO TEM	1	2	3	4 ou +
Quantidade de AUTOMÓVEIS DE PASSEIO exclusivamente para uso particular	0	3	5	8	11
Quantidade de EMPREGADOS MENSALISTAS, considerando apenas os que trabalham pelo menos cinco dias por semana	0	3	7	10	13
Quantidade de MÁQUINAS DE LAVAR ROUPA, excluindo tanquinho	0	2	4	6	6
Quantidade de BANHEIROS	0	3	7	10	14
DVD, incluindo qualquer dispositivo que leia DVD e desconsiderando DVD de automóvel	0	1	3	4	6
Quantidade de GELADEIRAS	0	2	3	5	5
Quantidade de FREEZERS independentes ou parte da geladeira dúplex	0	2	4	6	6
Quantidade de MICROCOMPUTADORES, considerando computadores de mesa, *laptops*, *notebooks* e *netbooks* e desconsiderando *tablets*, *palms* ou *smartphones*	0	3	6	8	11
Quantidade de LAVADORA DE LOUÇAS	0	3	6	6	6
Quantidade de fornos de MICRO-ONDAS, incluindo os aparelhos com dupla função (de micro-ondas e forno elétrico)	0	2	4	4	4
Quantidade de MOTOCICLETAS, desconsiderando as usadas exclusivamente para uso profissional	0	1	3	3	2
Quantidade de máquinas SECADORAS DE ROUPAS, considerando lava e seca	0	2	2	2	2

F4a. Qual é o grau de instrução do chefe da família? (pessoa que contribui com a maior parte da renda do domicílio)

Nomenclatura atual	Chefe da família - PONTOS
Analfabeto/Fundamental I incompleto	0
Fundamental I completo/Fundamental II incompleto	1
Fundamental II completo/Médio incompleto	2
Médio completo/Superior incompleto	4
Superior completo	7

F4b. A água utilizada nesse domicílio é proveniente de:

	Pontuação
A) Rede geral de distribuição	4
B) Poço ou nascente	0
C) Outro meio	0

F4c. Considerando o trecho da rua do seu domicílio, você diria que a rua é:

Nomenclatura atual	Pontuação
A) Asfaltada/Pavimentada	2
B) Terra/Cascalho	0

F5. Sabe ler e escrever um bilhete simples?

Sim
Não

F6. Qual foi a última série que você completou com aprovação? (RU)

Sabe ler/escrever, mas não cursou escola
PRIMÁRIO (1º GRAU) | FUNDAMENTAL
1ª até 3ª série
4ª série
GINÁSIO (1º GRAU) | FUNDAMENTAL
5ª até 7ª série
8ª série
COLEGIAL (2º GRAU) | MÉDIO
1ª e 2ª série
3ª série | vestibular
SUPERIOR
Superior incompleto
Superior completo

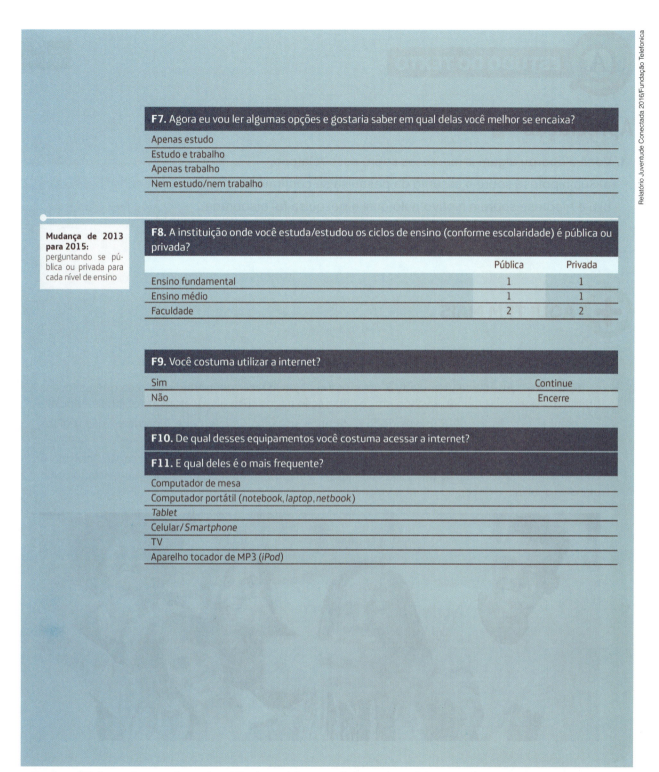

Fundação Telefônica. Disponível em: <http://fundacaotelefonica.org.br/acervo/juventude-conectada-2016/>. Acesso em: 15 set. 2018.

GLOSSÁRIO

Cota: parte, quantia.
Proporcional: em que há simetria; que apresenta a mesma relação de grandeza ou intensidade.
Quantitativa: que exprime quantidade.

Apreciação

1. Você elaborou algumas hipóteses sobre esse relatório.
   a) Sua hipótese sobre o assunto da pesquisa se confirmou?
   b) E a hipótese sobre o motivo pelo qual a pesquisa foi elaborada?
   c) Como você fez a leitura da pesquisa?
   d) Qual dos dados do relatório mais lhe chamou a atenção?

Como os jovens brasileiros usam a internet?

A pesquisa "Juventude conectada 2" teve como objetivo fazer um retrato dos usos que os jovens brasileiros fazem da internet, levando em consideração traços culturais, diferenças regionais e sociais.

Foram entrevistados 1440 jovens de 15 a 29 anos, usuários da internet e moradores das regiões selecionadas.

A pesquisa foi baseada em quatro eixos de investigação: comportamento, educação, ativismo e empreendedorismo. Além da pesquisa quantitativa, um grupo menor de jovens foi entrevistado como amostra qualitativa da região em que vivem.

Interpretação

1. Como o mapa do Brasil está dividido no resultado de pesquisa? Que dados ele apresenta?

2. Qual região apresenta o maior número de entrevistados? Por quê?

3. Observe a tabela **O número de entrevistados por região**. Qual é a relação dela com o mapa apresentado na mesma página?

182

4. Releia o texto que aparece do lado esquerdo da tabela.

> A amostra foi dividida em cotas proporcionais.
> As capitais incluem os municípios e suas regiões metropolitanas.
> O interior é representado pelas cidades de grande porte em cada estado.

   a) Qual é o sentido da expressão "cotas proporcionais"?
   b) Que informações sobre a "capital" e o "interior" foram acrescentadas ao mapa?

5. Na página 176 há ainda dois gráficos. Releia o gráfico **Classe econômica**.
   a) O que indica o sinal % sobre a forma de apresentação dos dados de pesquisa?
   b) Em quais classes econômicas a pesquisa se concentrou? Por que isso aconteceu?
   c) Qual é a função do asterisco (*) no final da página?

6. Releia os relatórios que estão nas páginas 179 a 181. Eles mostram o questionário de pesquisa.
   a) De acordo com sua leitura, que perguntas levaram ao gráfico **Escolaridade**, na página 178?
   b) Quais perguntas se referem ao gráfico **Classe econômica**, na página 176?

7. Observe novamente os gráficos das páginas 176 e 178. Em que esses gráficos diferem quanto ao formato e aos dados?

8. Em sua opinião, o que, no questionário, determina a divisão dos entrevistados em classes econômicas?

Linguagem

1. Qual é a função das cores no mapa do Brasil?
2. E nos gráficos e tabelas, qual é a função das cores?

> ❗ **CURIOSO É...**
>
> ### Critérios para definir o número de entrevistados de uma pesquisa
>
> A pesquisa "Juventude conectada 2" entrevistou um grupo específico da população brasileira (jovens de 15 a 29 anos, usuários da internet, de determinadas regiões do país). Você pode acessar o portal de mapas do IBGE e encontrar outras informações sobre a população total do Brasil.
>
> Nas páginas indicadas a seguir (acessos em: 20 out. 2018), você pode ver os mapas de:
>
> - densidade demográfica, disponível em: <https://atlasescolar.ibge.gov.br/images/atlas/mapas_brasil/brasil_densidade_demografica.pdf>;
>
> - bens duráveis e serviços, disponível em: <https://atlasescolar.ibge.gov.br/images/atlas/mapas_brasil/brasil_bens_duraveis.pdf>.
>
> Depois de ler as informações dos dois mapas, responda: Por que foram feitas mais entrevistas com jovens da Região Sudeste do Brasil na pesquisa "Juventude conectada 2"?

Formação de palavras: derivação

1. Leia o texto e conheça jovens cientistas e suas invenções.

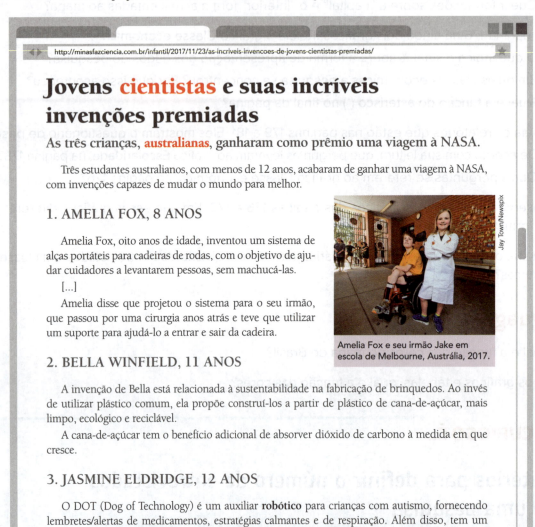

Minas Faz Ciência Infantil. Disponível em: <http://minasfazciencia.com.br/infantil/2017/11/23/as-incriveis-invencoes-de-jovens-cientistas-premiadas/>. Acesso em: 15 set. 2018. (Grifo nosso).

a) Qual das invenções você achou mais interessante? Por quê?

b) Se você pudesse inventar algo que mudasse o mundo para melhor, qual seria sua invenção? Explique como seria esse invento e que melhoria ele traria para o mundo. Compartilhe depois suas ideias com os colegas.

c) Observe que, no texto, as palavras **robótico** e **cientistas** estão destacadas. Que outras palavras deram origem elas?

d) A palavra **australianas** também está destacada. O que ela indica sobre as crianças?

As palavras da língua portuguesa podem ser primitivas (não derivam de outras palavras) ou derivadas. Um dos processos de formação de palavras na língua portuguesa é a derivação, que dá origem a novas palavras por meio de afixos (acréscimo de prefixos ou sufixos ao radical da palavra).

Derivação prefixal

Na derivação prefixal, novas palavras são criadas quando ocorre o acréscimo de um prefixo a um radical. Observe.

utilizar ⟶ inutilizar (**in** + utilizar)
construir ⟶ reconstruir (**re** + construir)

2. Releia as palavras acima. Que sentidos os prefixos acrescentam a essas palavras?

Leia o quadro com alguns prefixos e cite outras palavras formadas com eles.

Prefixo	Significado	Exemplo
anti-	oposição	antiaéreo, antigripal
contra-	oposição	contradizer, contraveneno
des-	ação contrária, negação	desleal, desfazer
ex-, e-	movimento para fora	exportar, emigrar
in-, i-, em-, en-	movimento para dentro	ingerir, imigrar, enterrar, embarcar
in-, im-, i-, ir-	negação	indecente, impróprio, ilegal, irregular
re-	movimento para trás, repetição	regredir, recomeçar

Derivação sufixal

Na derivação sufixal, novas palavras são criadas quando ocorre o acréscimo de um sufixo a um radical. Observe:

cuidar ⟶ cuidador
loja ⟶ lojista

3. Releia as palavras acima. Que sentidos o sufixo **-or** acrescenta a essas palavras?

Leia o quadro com alguns sufixos e cite outras palavras formadas com eles.

Sufixo	Significado	Exemplo
-eiro, -ário, -ista	profissão	engenheiro, bancário, dentista
-eiro, -ense, -ês	Adjetivos que significam "procedente de".	brasileiro, piauiense, português
-ão, -ção, -mento, -agem	Substantivos que significam ação ou resultado de ação indicada por verbos.	escorregão, demolição, esquecimento, contagem
-dade, -ez, -ice	Derivam substantivos abstratos de adjetivos.	felicidade, capacidade, palidez, esquisitice
-ão, -ona	aumentativo	casarão, pedrona
-inha, -inho, -zinho, -zinha	diminutivo	faquinha, bolinho, cãozinho, mãozinha

4. Leia um trecho de uma reportagem sobre uma invenção sustentável.

Brasileiro cria bicicleta de bambu e vende mais de 5 mil unidades

O designer Flavio Deslandes, de 42 anos, criou o Bambucicletas, projeto que envolve a produção de "magrelas" com o bambu. O material foi escolhido por ser sustentável, flexível, resistente e capaz de absorver vibrações – o que deixa a *bike* mais confortável ao usuário. [...]

O início do Bambucicletas foi em 1996, durante a graduação de Flavio na Pontifícia Universidade Católica do Rio de Janeiro (PUC-RJ). Aos 22 anos e ainda estudante de *design*, Deslandes ganhou uma bolsa [...] para estudar o bambu. Durante as pesquisas, teve a ideia de reaproveitar o material na produção de bicicletas. [...]

Bicicleta de bambu.

Fabiano Candido e Flávia Bezerra. Brasileiro cria bicicleta de bambu e vende mais de 5 mil unidades. *Pequenas Empresas & Grandes Negócios*, 1º set. 2014. Disponível em: <https://revistapegn.globo.com/Banco-de-ideias/noticia/2014/09/brasileiro-cria-bicicleta-de-bambu-e-vende-mais-de-5-mil-unidades.html>. Acesso em: 14 set. 2018.

a) O texto usa diferentes palavras para se referir ao substantivo **bicicleta**. Quais são elas?
b) Que sentido o sufixo **-eiro** acrescenta a brasileiro?
c) Qual é o significado do prefixo **re-** em **reaproveitar**?
d) Observe a palavra **Bambucicleta** e explique o processo de formação dela.

A palavra que dá nome ao projeto **Bambucicleta** é composta por outro tipo de formação: a união de duas palavras. Isso também ocorre com **planalto** (plano + alto) e **pernalta** (perna + alta).

Vimos algumas das várias formas de criar palavras e novos sentidos. Podemos acrescentar prefixos, sufixos ou unir duas ou mais palavras.

ATIVIDADES

1. Leia o texto sobre a origem do perfume.

A história do perfume da antiguidade até 1900

Egito: a origem

A busca pelo divino marca a história do homem. Os mais antigos cheiros conhecidos são os da fumaça que exalava da queima de madeiras, especiarias, ervas e incensos. Essa prática explica a origem latina da palavra perfume: *per* (através) e *fumum* (fumaça), através da fumaça. A origem do perfume se deu a partir de 3000 a.C., no esplendor da civilização egípcia. Os egípcios eram politeístas, ou seja, adoravam vários deuses, e os homenageavam em ricos rituais. Acreditavam que seus pedidos e orações chegariam mais rápido aos deuses se viajassem nas nuvens de fumaça aromática que subiam aos céus. Acreditavam na reencarnação e reservavam as fragrâncias também aos mortos. Grande quantidade de aromas acompanhava a passagem desta para outra vida, ao encontro com os deuses, e o corpo do morto devia ser conservado tão inalterado – e perfumado – quanto possível. Mirra, musgo de carvalho, resina de pinho, entre outros ingredientes com propriedades antimicrobianas, eram utilizados no ritual de mumificação, cujos incríveis resultados são admirados até hoje.

[...]

Copos e vasos de perfume do Antigo Egito.

Renata Ashcar. A história do perfume da antiguidade até 1900. *ComCiência*, 10 set. 2007. Disponível em: <www.comciencia.br/comciencia/handler.php?section=8&edicao=28&id=329>. Acesso em: 19 set. 2018.

a) Qual era a importância do perfume para os egípcios?

b) Leia as palavras do quadro e identifique os sentidos que os prefixos acrescentam a elas.

> reencarnação inalterado antimicrobianas

c) Forme palavras derivadas, acrescentando prefixos ou sufixos aos itens a seguir. Explique os sentidos que cada prefixo acrescenta às palavras.

> perfume fumaça

2. Qual dos sufixos do quadro poderiam ser acrescentados às palavras a seguir para indicar lugar?

a) papel
b) dormir
c) vestir
d) doce
e) beber
f) livro

> -aria -ário -eria -ouro -ório

187

CAPÍTULO 2

Neste capítulo, você vai conhecer melhor os relatórios de pesquisa. Na seção **Produção escrita**, será sua vez de fazer uma pesquisa e registrar os dados obtidos. Vai ainda estudar a grafia de palavras com o som de **s**.

Você vai ler mais um trecho da pesquisa "Juventude conectada 2", que destaca o comportamento dos jovens na internet.

Juventude conectada 2 – Parte 2

O inferno são os outros
As vulnerabilidades do mundo virtual percebidas em sentido estreito

Embora tenham uma visão muito aguçada das transformações tecnológicas e das virtudes e defeitos das diferentes mídias digitais, **os jovens ainda demonstram uma falta de clareza quanto ao que é de âmbito público e o que é de âmbito privado nas relações conectadas.**

"Acho que eles não têm noção, quando estão num grupo de WhatsApp, de que eles estão falando publicamente, eles não têm essa noção, eles acham que eles estão na rodinha, no intervalo, na hora do recreio, conversando entre amigos, só que um desses amigos pode compartilhar essa informação para um outro grupo do qual ele faz parte. Acho que eles não têm noção das barreiras, das seguranças, do que é público e do que não é."

Nathalia Ziemkiewicz, sexóloga e jornalista, Pimentaria

Relatório Juventude Conectada 2016/Fundação Telefonica

As preocupações em relação à internet mostram-se cada vez maiores em relação à sociabilidade e menores em relação a aspectos técnicos.

	2015	Explorador iniciante	Explorador intermediário	Explorador avançado
Inscrever-se em concursos, provas, disponibilizar seu currículo *online*	6,5	6,0	6,9	7,3
Baixar aplicativos gratuitos ou pagos de seu interesse e que considere úteis	6,3	6,0	6,4	7,1
Realizar transações bancárias pela internet	5,0	4,6	5,4	5,6
Fornecer dados pessoais para a compra de um produto ou serviço	5,0	4,6	5,2	5,7
Trocar informações pessoais com desconhecidos	4,2	3,9	4,4	4,8

Em parte, essa **percepção das vulnerabilidades e perigos em sentido estreito são consequência direta do que os jovens vivenciam** com maior frequência. Todos os participantes dos grupos de discussão **afirmam conhecer ou ter visto de perto casos de pessoas que sofreram as consequências da exposição de suas vidas** (propositalmente ou não). Todos eles também dizem conhecer vítimas de maldades alheias, sofridas por serem, simplesmente, quem são.

Por outro lado, **casos de roubos de dados ou de identidade aparecem como algo mais distante de sua realidade**. Bastante comentados na primeira edição do estudo, que continha uma maior proporção de exploradores iniciantes e uma parcela significativamente menor de exploradores avançados, os ataques cibernéticos, *cyberbullying* e vício em uma 'realidade virtual' são aspectos que parecem ter ficado para trás.

> "A gente vê que a maior preocupação dos pais é essa de 'não entre em contato com estranhos', 'não adicione estranhos', mas curiosamente, quando a gente conversa com os jovens, o incômodo maior não é com estranhos, é com colegas, amigos, amigos dos amigos."

Inês Vitorino, socióloga, professora da Universidade Federal do Ceará

A preocupação em relação aos pais também parece não ser mais tão relevante. Embora continuem a conviver e interagir, em suas conexões e postagens, com parentes de diversas gerações (avós, tios, primos, mãe e pai, irmãos mais novos e mais velhos), os jovens da segunda edição do estudo não mencionaram entre suas apreensões relacionadas à exposição pública as aflições apontadas na edição realizada em 2013 – que iam da publicação de fotos de infância a comentários que dessem margem para a ridicularização pelos amigos, passando pelo desejo de preservar os pais de certas opiniões ou atividades.

Em parte, essa mudança se deve à **relativa autonomia e liberdade proporcionadas pela individualização dos dispositivos de acesso**: com o crescimento dos *smartphones* e *notebooks* próprios, **poucos ainda compartilham** computadores com a família. Se, em 2013, uma das formas mais frequentemente apontadas para burlar a fiscalização e o controle dos pais era apagar o histórico de navegação do *browser* utilizado, em 2015 esse papel é desempenhado por um **uso mais seletivo das diferentes mídias digitais**. Em geral, as polêmicas e 'molecagens' ficam reservadas aos grupos de WhatsApp, aos quais só têm acesso as pessoas autorizadas.

"Se expor muito no Facebook hoje em dia dá medo."

(Curitiba, 20-24 anos, classes C e D)

"A internet às vezes te expõe demais. Gosto de escrever e costumo postar minhas histórias em um site. Mas outro dia encontrei um *blog* onde uma pessoa se identificava como sendo a autora das minhas histórias."

(Recife, 16-19 anos, classes A e B)

	2015	Explorador iniciante	Explorador intermediário	Explorador avançado
Devo ter cuidado ao expressar minhas opiniões na internet, pois posso não ser bem visto	7,2	6,0	7,5	7,7
A internet estimula a produção de conteúdos de minha própria autoria	7,0	6,5	7,3	7,7

Outra forma de se proteger desses ataques é, justamente, a de assumir um comportamento mais observador, compartilhando menos conteúdo de autoria própria, limitando-se praticamente à reprodução de postagens alheias. A preocupação em não se expor para evitar atritos parece cada vez maior.

"A pior coisa que tem é você expor sua opinião na internet e alguém não aceitar."

(Curitiba, 20-24 anos, classes C e D)

"Não costumo compartilhar muito as minhas opiniões. Sempre surgem divergências."

(Recife, 16-19 anos, classes A e B)

A partir dos dados colhidos na etapa quantitativa e dos depoimentos expressos nos grupos de discussão e nas entrevistas dos participantes da etapa e-meter, é possível distribuir os jovens brasileiros em três perfis de comportamento:

Opinativo

"Adoro opinar sobre os fatos nas redes sociais"
São jovens que gostam de postar opiniões e notícias sobre diversos assuntos e acontecimentos.

Observador

"Eu entro para ver a vida dos outros"
Acessam diariamente as redes sociais apenas para ver as fotos e ler os comentários dos colegas. Precavidos, pouco expõem a própria opinião, buscando evitar conflitos – sobretudo entre amigos.

"Excessivo"

"Posto tudo o que quero, não ligo para o que os outros vão pensar"
Embora nenhum jovem se identifique como excessivo, muitos qualificam amigos e conhecidos com este termo. É o colega que faz comentários sobre qualquer tema e posta conteúdos freneticamente.

Apreciação

1. Você já viveu alguma das situações relatadas nos depoimentos das páginas 189 e 190? Se sim, conte ao professor e aos colegas como foi.

Interpretação

1. Releia o subtítulo da pesquisa reproduzida na página 188. Qual é o sentido dele nessa parte dos resultados?

2. Sobre os resultados apresentados nas páginas 188 a 190, copie no caderno as alternativas verdadeiras.
   a) Os jovens sabem lidar com a exposição pública, por isso só confiam nos amigos.
   b) A especialista mostra a falta de noção dos jovens sobre o que é público ou privado.
   c) Os jovens não confiam no grupo de amigos nem em redes sociais.
   d) A resultado da pesquisa mostra que os jovens têm receio da exposição pública.

3. Na página 189 há uma tabela com cinco colunas. O que representam os números da coluna 2015?

4. Segundo a pesquisa, o que representa para os jovens pesquisados ter seu próprio equipamento para acessar a internet?

5. Na página 190, são apresentados três perfis de comportamento do jovem que acessa a internet. Você se identifica com algum desses perfis? Qual? Por quê?

Linguagem

1. Como o texto diferencia visualmente a fala dos especialistas da fala dos entrevistados?

2. Como os entrevistados são identificados abaixo das falas?

3. Qual é a função, no texto, dos destaques em negrito?

4. Com que função as aspas (" ") foram usadas no texto?

5. Que recursos visuais foram utilizados na parte com os perfis de comportamento? Esses recursos acrescentam alguma informação ao assunto ou apenas o ilustram?

 O QUE APRENDEMOS COM O ESTUDO DE RELATÓRIO DE PESQUISA

- O relatório de pesquisa mostra os resultados e a análise dos dados coletados em uma pesquisa por meio de entrevistas, com o uso de questionários especialmente elaborados para esse fim.
- Trata-se de um gênero que apresenta, de forma integrada, as linguagens verbal escrita e visual.
- Gráficos, tabelas, mapas e infográficos podem compor o relatório de pesquisa.
- O relatório de pesquisa pode contar com opinião de especialistas.

191

Pesquisa e registro de dados

Para começar

Você conheceu e analisou trechos da pesquisa "Juventude conectada 2". Nesta produção de texto, você e os colegas vão fazer uma pesquisa e registrar os dados dela.

A pesquisa "Juventude conectada 2" envolveu jovens do Brasil inteiro. A pesquisa de vocês envolverá apenas adolescentes de 12 a 15 anos (uma média de 25 a 30) que vocês conhecem, dentro e fora da escola. Ela poderá ter algum tema de interesse de vocês. Por exemplo: os jovens da comunidade "tal" e o lazer; os jovens da comunidade "tal" e o uso da internet; os jovens da comunidade "tal" e os planos para o futuro etc.

Depois, vocês vão apurar os dados pesquisados e publicá-los em uma rede social, ou em um *blog* ou *site* da escola.

Planejar

1. Com a coordenação do professor, reúna-se em um grupo de seis componentes.
2. Juntos, decidam qual será o tema da pesquisa.
3. Dividam os entrevistados de acordo com idade e gênero, se for pertinente. Subdividam o grupo em duplas. Cada dupla vai entrevistar um número fixo de pessoas.
4. Para fazer a entrevista, vocês utilizarão o questionário inicial semelhante ao da pesquisa "Juventude conectada 2". Vocês podem usar uma ferramenta de questionários na internet para coletar e tabular os dados. Sigam as orientações do professor.
5. Será necessário, no entanto, elaborar questões específicas, com alternativas, para o tema escolhido. Vocês podem acessar o texto completo da pesquisa "Juventude conectada 2" (disponível em: <http://fundacaotelefonica.org.br/acervo/juventude-conectada-2016/>; acesso em: 19 ago. 2018) e observar, no item **Anexo**, como foram feitas as perguntas específicas para o estudo (páginas 229 a 231 do PDF).

Claudia Marianno

6. A pesquisa de vocês será menos ampla que a "Juventude conectada 2" e com menos itens. Por isso, o questionário será mais curto.
7. Decidam onde o trabalho será publicado.

Desenvolver

1. Com os questionários respondidos em mãos, é hora de tabular e registrar os dados. Como vocês viram, os dados da pesquisa podem ser registrados em gráficos, tabelas e pequenos textos com as conclusões da pesquisa.
2. É necessário tabular os questionários.
   - Cada dupla ficará responsável por anotar os dados de seus entrevistados, para depois juntá-los com os das demais duplas do grupo.
   - O professor vai orientá-los nesse trabalho.
3. Os gráficos com os dados podem ser feitos em programa de edição de planilhas ou ferramenta de questionários da internet. Para isso, basta inserir uma tabela com os dados e gerar o gráfico.
4. As tabelas podem ser feitas com os números das respostas (apresentados ou não em porcentagens). Veja o exemplo.

> Jovens que preferem cinema: 15; jovens que preferem ficar em casa jogando *video game*: 20 etc. Se forem 100 entrevistados, isso significa que 15% preferem ir ao cinema; 20% preferem jogar *video game*.

5. Com base na tabulação, vocês produzirão os gráficos e as tabelas com dados, e elaborarão algumas conclusões, como nos textos apresentados.
6. Preparem *slides* de apresentação para mostrar o resultado da pesquisa.
7. Dividam o conteúdo a ser apresentado em vários *slides*, lembrando que vocês podem usar frases e gráficos ou tabelas em cada um deles.
8. Para a apresentação dos dados e conclusões, vocês podem organizar as informações do geral para o específico, isto é, apresentar o objetivo geral da pesquisa e depois mostrar os dados mais específicos.
9. Vocês podem utilizar marcadores como números e destacar exemplos de fala dos entrevistados.

Rever

1. Verifiquem se colocaram todos os itens que escolheram no texto.
2. Entreguem a produção para o professor avaliar.
3. Reescrevam-na com base nos comentários que o professor fizer.

Compartilhar

Apresentem à turma os gráficos e tabelas por meio do programa de apresentação de *slides* e publiquem o material revisto no ambiente escolhido por vocês. Divulguem o trabalho.

Grafia dos sons do s

1. Leia o texto.

A influência africana na cultura brasileira

Certamente você já deve ter degustado uma saborosa pamonha, um mungunzá ou mesmo um acarajé, não é mesmo? E o que dizer de algumas expressões que vez por outra fazemos uso em nosso vocabulário, como moleque, fubá, caçula, dengoso, entre outras? Pois bem. Tudo isso denota a influência das tradições e costumes africanos na cultura do povo brasileiro.

André Luiz Melo. A influência africana na cultura brasileira. Estudo Kids. Disponível em: <www.estudokids.com.br/a-influencia-africana-na-cultura-brasileira/>. Acesso em: 16 set. 2018.

a) Releia a série de palavras de origem africana citada no texto. A que elas se referem?

b) Observe o som das letras **c** e **ç** nas palavras **influência** e **caçula**. Essas letras têm um único som. Identifique, no texto, duas outras letras que representam o mesmo som.

Na grafia da língua portuguesa, um mesmo som pode ser representado por diferentes letras. Vamos conhecer algumas regras que podem ajudar na hora de representar esse som na escrita.

Letras	Regras
s	Terminação **-ense** indicando origem. Exemplos: fluminense, paranaense.
s	Substantivos derivados de verbos terminados em **-nder**, **-erter** e **-ertir**. Exemplos: pretender – pretensão; inverter – inversão; divertir – diversão.
ss	Substantivos derivados do verbo **ceder** e seus derivados. Exemplo: conceder – concessão.
ss	Nas formas verbais no pretérito imperfeito do subjuntivo. Exemplos: viajássemos, comêssemos.
ss	Nas terminações **-íssimo/-íssima**. Exemplo: novíssima.
ç	Palavras de origem africana, árabe e tupi. Exemplos: caçula, muçulmano, miçanga. Para saber a origem da palavra, consulte um dicionário.
ç	Antes das vogais **a**, **o**, **u**. Exemplos: maçã, almoço, açúcar.
ç	Depois de ditongo. Exemplo: eleição.
c	Antes das vogais **e** e **i**. Exemplos: cenário, cinema.
xc	Em palavras iniciadas pela letra **e**. Exemplo: excelente.
x	Em algumas palavras, como: sexta, texto.
sc, sç	Em algumas palavras, como: adolescente, cresça.

ATIVIDADES

1. Leia os títulos de notícias.

I.
> Arena Run reúne 1.000 pessoas, e rondonien▲e e amazonen▲e brilham
>
> Globoesporte.com, 15 mar. 2015. Disponível em: <http://globoesporte.globo.com/am/noticia/2015/03/arena-run-reune-1000-pessoas-e-rondoniense-e-amazonense-brilham.html>. Acesso em: 18 ago. 2018.

II.
> Confira o roteiro do melhor da diver▲ão para este final de semana
>
> G1, 13 mar. 2015. Disponível em: <http://g1.globo.com/ma/maranhao/noticia/2015/03/confira-o-roteiro-do-melhor-da-diversao-para-este-final-de-semana.html>. Acesso em: 18 ago. 2018.

III.
> On▲a interrompe passeio de turistas nas cataratas do Igua▲u
>
> Folha de S.Paulo, 3 jan. 2015. Disponível em: <www1.folha.uol.com.br/cotidiano/2015/01/1570245-onca-interrompe-passeio-de-turistas-nas-cataratas-do-iguacu.shtml>. Acesso em: 18 ago. 2018.

a) Copie os títulos no caderno e complete as palavras com as letras **s**, **ss**, **ç**, **c**, **xc**, **x**, **sc** ou **sç**.

b) Justifique sua resposta relacionando a regra ao uso da letra.

I. Antes das vogais **a**, **o** e **u**.

II. Terminação **-ense** indicando origem.

III. Palavras de origem africana, árabe, tupi.

IV. Substantivos derivados de verbos terminados em **-nder**, **-erter** e **-ertir**.

DICAS

📖 LEIA

Internet segura, de Centro de Estudos, Resposta e Tratamento de Incidentes de Segurança no Brasil (CERT.BR) e Núcleo de Informação e Coordenação do Ponto BR (NIC.BR). Guia dirigido a crianças e adolescentes com dicas para usar a internet com segurança. Disponível em: <https://cgi.br/publicacao/nternet-segura-divirta-se-e-aprenda-a-usar-a-internet-de-forma-segura/>. Acesso em: 23 set. 2018.

O sótão de Tesla, de Neal Shusterman e Eric Elfman (Salamandra). O livro relata uma aventura científica que envolve um dos grandes inventores da modernidade. O protagonista encontra aparelhos eletrônicos num sótão de uma casa herdada de uma tia. Entre um fato estranho e outro, Nick descobre que parte da herança pertenceu a Nikola Tesla, o grande cientista e inventor. O livro é o primeiro de uma trilogia.

▶ ACESSE

Internet sem vacilo: <www.unicef.org/brazil/pt/GuiaUNICEFInternetSemVacilo.pdf>. Campanha desenvolvida pelo Unicef com vídeos, *quiz* para avaliar seu comportamento *on-line* e guia com dicas para navegar na internet com segurança.

Grafite da Ciência: <www.grafite-ciencia.cbpf.br/>. O mural Grafite da Ciência homenageia 100 cientistas de vários países e de épocas diferentes. O espaço busca valorizar a ciência no Brasil e atrair jovens para as carreiras científicas. Há enigmas escondidos nas imagens, ligados a ciência e tecnologia. Visite o *site*, conheça os cientistas e desvende os enigmas.

UNIDADE 8
Histórias extraordinárias

NESTA UNIDADE
VOCÊ VAI:

- ler contos fantásticos;
- apresentar oralmente uma lenda urbana;
- gravar *podcasts*;
- escrever um conto fantástico;
- ampliar o estudo dos períodos simples e compostos;
- estudar pontuação e interjeição.

Observe a imagem.
1. Você já viu imagens semelhantes a essa? Onde?
2. Que sensações ela desperta em você?
3. Se a imagem ilustrasse uma história, de que tipo seria? Por quê?

CAPÍTULO 1

Neste capítulo, você vai ler um conto fantástico e apresentar oralmente uma lenda urbana. Vai também retomar e ampliar o estudo dos períodos simples e compostos.

ANTES DE LER

Muitos escritores se dedicaram aos contos fantásticos e várias foram as adaptações dessas histórias para o cinema e a TV. Veja algumas capas de livros e filme dedicados ao gênero.

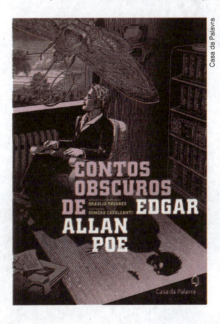

1. Você já ouviu falar de algum desses escritores ou assistiu ao filme? Se sim, conte como o conheceu ou onde assistiu a esse filme.

2. Para você, o que são contos fantásticos?

3. O que você espera encontrar em um conto fantástico?

4. Você gosta de histórias fantásticas, de terror, de horror? Conhece alguma que queira compartilhar com os colegas?

5. Em sua opinião, por que essas histórias despertam interesse em tantas pessoas?

6. Você vai ler um conto fantástico chamado "A caixa retangular". Como espera que seja a história com esse título?

Leia este conto fantástico escrito por Edgar Allan Poe, escritor estadunidense do século XIX.

A caixa retangular

Há alguns anos, viajei a bordo do navio *Independência*, de Charleston, na Carolina do Sul, para a cidade de Nova York. No dia catorze de junho, fui a bordo para arrumar algumas coisas no meu camarote. Se o tempo estivesse bom, viajaríamos no dia seguinte.

Imaginei que o navio teria muitos passageiros, inclusive mais mulheres do que o normal. Verifiquei a lista e vi que muitos conhecidos meus estariam lá; entre eles, um jovem artista e amigo especial, Cornélio Wyatt. Fomos colegas na Universidade, onde estávamos sempre juntos. Como todo gênio, ele era sensível, entusiasmado e solitário... Uma pessoa muito franca, de alma impetuosa.

Notei que três cabines estavam registradas em nome de Cornélio Wyatt. Conferi a lista de passageiros mais uma vez e descobri que ele havia comprado uma passagem para si próprio, para sua mulher e para duas irmãs dele. As cabines tinham espaço suficiente para acomodar duas camas, uma em cima da outra. É fato que essas camas eram tão estreitas que só acomodavam uma pessoa. Mas, ainda assim, por que Cornélio havia reservado três cabines com duas camas em cada para quatro pessoas? Como eu andava muito curioso àquela época, preocupei-me com a história das cabines a mais. Sei que não era de minha conta, claro, mas acabei fazendo algumas previsões para tentar resolver o mistério.

[...]

"Com certeza eles tinham muitas malas e quiseram acomodá-las por perto, e não no porão... Pode ser um quadro ou algo do gênero. Deve ter sido isso que ele negociou com Nicolino, o judeu italiano...", concluí.

Eu conhecia as duas irmãs de Cornélio. Elas eram amáveis e inteligentes. Quanto a sua esposa, casara-se havia pouco e eu não a conhecia ainda. Muitas vezes falara a seu respeito, todo animado: lindíssima, muito inteligente e prendada. Por isso, eu estava ansioso por conhecê-la.

Neste dia em que visitei o navio, fui informado pelo capitão que Cornélio e sua família também estavam lá. Prolonguei minha estada em mais de uma hora na esperança de ser apresentado à jovem esposa, mas recebi a desculpa de que a senhora Wyatt só viria para o navio no dia seguinte, à hora da partida, porque estava indisposta.

Um dia depois, encontrei o Capitão Hardy a caminho do cais. Ele me contou que, devido "às circunstâncias", o *Independência* não zarparia antes de um ou dois dias. Quando tudo estivesse em ordem, ele avisaria. Achei aquilo estranho... O tempo estava bom, com uma brisa constante do sul... Como as "circunstâncias" não estavam bem claras, voltei para casa.

Esperei quase uma semana pelo recado do capitão. Quando chegou, dirigi-me ao navio. Ele estava repleto de passageiros, que se aglomeravam à espera da partida. A família de Wyatt chegou quase dez minutos depois de mim: as duas irmãs, a esposa e meu amigo, como sempre de fisionomia bem triste. Como eu estava habituado com a família, não prestei mais atenção do que o de costume. Vendo que meu amigo não me apresentava à esposa, sua irmã, Mariana, tratou de fazê-lo.

[...] A jovem falou pouco e logo depois se afastou com o marido para o camarote.

[...] Depois de algum tempo, avistei uma carroça no cais. Em cima dela, havia uma caixa de pinho, retangular, que parecia ser a última bagagem a embarcar. Logo após seu embarque, o navio seguiu viagem.

A caixa tinha quase um metro e oitenta centímetros de comprimento, por noventa de largura. Fiquei observando-a com muita atenção. Aquele formato era bem característico para o transporte de quadros. Fiquei contente com a exatidão das minhas suposições, pois, como já havia pensado, essa bagagem extra devia conter um ou mais quadros que Wyatt negociara com Nicolino. Pelo formato podia ser uma cópia da Última *Ceia*, de Leonardo, e uma cópia dessa mesma *Última Ceia* que Rubini, o moço, fizera em Florença e que eu sabia estar em mãos de Nicolino. Era a primeira vez que Wyatt escondia algo de mim... Certamente pretendia contrabandear uma obra de arte para Nova York.

Porém, um detalhe me incomodava: a caixa estava na cabine de Cornélio, e não na cabine extra. Ficava no chão, ocupando todo o espaço e causando um enorme desconforto ao casal.

[...]

Um dia, enquanto passeávamos no convés, fiz algumas observações sobre a estranha bagagem.

– Aquela enorme caixa retangular tem um formato bem estranho, não? – eu observei, sorrindo, tocando-o nas costas.

Cornélio teve uma reação incompreensível. Seus olhos ficaram arregalados e o rosto, vermelho. Depois empalideceu e, para meu espanto, começou a rir bem alto, uma risada nervosa, por um bom tempo. Então, caiu estatelado no chão. Tentei levantá-lo e ele parecia morto. Chamei por socorro e conseguimos fazê-lo voltar a si. Quando recobrou a consciência, passou a falar coisas sem sentido. Nós o colocamos na cama, em repouso. No dia seguinte, ele estava bem recuperado... Mas não posso dizer o mesmo quanto à sua saúde mental. O capitão do navio concordou comigo a respeito da insanidade de Cornélio e aconselhou-me que evitasse falar com ele. Decidi seguir seu conselho. Também nada comentei com outras pessoas a seu respeito. Era o melhor a se fazer.

Algumas outras coisas aconteceram depois... Fatos que contribuíram para aumentar a minha curiosidade. Eu andava nervoso e passei duas noites praticamente em claro. [...] Nessas noites quentes, deixei aberta a porta da minha cabine [...]. Da minha cama eu avistava a ala de trás, onde se situavam os camarotes da família Wyatt. Durante duas noites, vi a senhora Wyatt, por volta das vinte e três horas, sair às escondidas da cabine do marido e entrar na cabine extra, onde permanecia até de madrugada, quando era chamada pelo marido e voltava à sua cabine.

"Está desvendado o mistério de uma cabine a mais: eles pretendem se divorciar e não querem dividir o mesmo quarto!", concluí.

[...]

Um terrível vendaval abateu-se sobre nós no sétimo dia de viagem. Como o navio e a tripulação estavam preparados para essas mudanças climáticas, nada aconteceu. Mas depois de dois dias o tempo piorou muito e um furacão terrível partiu a nossa vela em pedaços. Ondas gigantescas varreram a popa do navio e com isso perdemos três homens. Içamos uma vela e assim conseguimos navegar, afrontando a fúria do mar. Recuperamos a calma, mas o vendaval continuava, fazendo com que o mar ficasse ainda mais revolto. Depois de três dias de tempestade, por volta das dezessete horas, nosso mastro caiu. Os tripulantes estavam tentando consertá-lo quando o carpinteiro avisou que havia mais de um metro de água no porão. E o pior: as bombas estavam entupidas!

O desespero tomou conta de todos... E num esforço extremo para aliviar o peso do navio passamos a lançar ao mar toda a carga extra. Depois disso, ainda impossibilitados de usar as bombas, notamos que a entrada de água aumentava minuto a minuto.

[...]

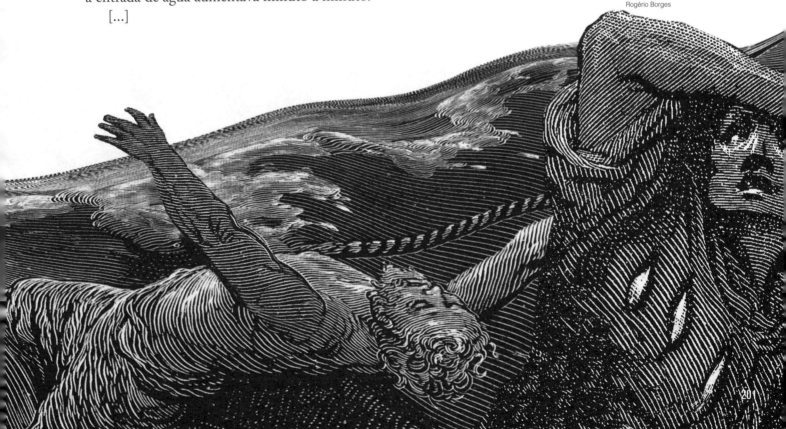

Rogério Borges

Depois de bastante trabalho, conseguimos lançar o barco a remo ao mar. A tripulação e a maior parte dos passageiros amontoou-se nele. Em três dias, após muita tribulação, alcançaram a baía de Ocracocke.

O capitão, eu e doze passageiros permanecemos a bordo. Decidimos abaixar da popa o outro barco salva-vidas. Nossa batalha continuou nas águas. Lutávamos para não ser engolidos pelo mar. Éramos eu e meu criado, o capitão e sua esposa, Cornélio Wyatt e a família, um oficial mexicano com a esposa e mais quatro filhos. Não havia espaço no barco para mais nada, além de comida e as roupas que vestíamos. Ninguém nem pensou em trazer algo especial. Assim, ficamos espantados quando, a poucos metros do navio, Cornélio levantou-se e pediu que o capitão retornasse à embarcação. Ele precisava pegar sua caixa!

— Nós iremos afundar se o senhor continuar em pé! – o capitão gritou, irritado. – O navio está indo a pique!

— A caixa! – Cornélio gritou, muito nervoso. – O senhor não pode recusar o meu pedido! Ela pesa pouco... Pelo amor de Deus, eu imploro que volte!

Por alguns segundos, achei que o capitão fosse mudar de ideia, mas retrucou em seguida:

— O senhor perdeu o juízo! Nosso barco vai virar... Sente-se agora mesmo! Segurem esse homem! – ordenou. – Ele vai cair no mar!

Mas já era tarde demais. Cornélio pulou na água e passou a nadar em direção ao navio. Pouco depois, subiu na embarcação por uma corda e, de onde estávamos, o avistamos correndo no convés em direção às cabines.

Tentamos remar para mais perto do navio, mas as ondas nos arremessavam a todo instante para mais longe. Cornélio era mesmo um louco! Com enorme esforço, arrastava a caixa retangular pelo convés. Espantados, vimos quando ele passou uma corda em torno da caixa e depois em volta de seu próprio corpo. Então, a caixa e Cornélio, amarrados como um só, caíram no mar, desaparecendo na mesma hora para todo o sempre.

Começamos a remar mais lentamente. Não estávamos acreditando no que nossos olhos viam! Não conseguíamos parar de olhar para aquele ponto... Mas tivemos de prosseguir. Ficamos quietos, em silêncio, por uma longa hora.

— O senhor notou como eles afundaram no mesmo instante? Quando ele amarrou-se junto ao caixão achei que talvez houvesse um fio de esperança... – comentei com o capitão.

— Eu tinha certeza de que iam afundar... Mas quando o sal derreter, eles subirão para a superfície... – o capitão retrucou.

— O sal?! – eu levei um susto.

— Silêncio! – ele fez um gesto indicando a esposa e as irmãs do morto. – Podemos falar sobre esse assunto numa ocasião mais apropriada.

Depois de quatro dias em alto-mar, entre a vida e a morte, alcançamos a praia fronteira à ilha de Roanoke. Tivemos sorte, nós e nossos amigos do outro barco, igualmente salvos. Ali ficamos durante uma semana, até que conseguimos passagens para Nova York.

Um mês depois do acontecido, encontrei o Capitão Hardy na Broadway. Conversamos sobre o naufrágio do *Independência* e, é claro, acerca do triste destino de Cornélio Wyatt. Foi dessa forma que fiquei sabendo dos pormenores, que conto a seguir.

Meu amigo tinha comprado passagem para ele e a esposa, as duas irmãs e a empregada. Ele falava a verdade quando contava que a esposa era a mais linda e bondosa mulher que já conhecera. No dia catorze de junho, o mesmo dia em que visitei o navio pela primeira vez, a esposa ficou doente repentinamente e veio a falecer. Cornélio, desesperado de dor, não sabia que atitude tomar, pois não podia adiar sua viagem para Nova York. Era preciso levar o corpo até o local onde a sogra morava e isso seria um problema, afinal, não se levava anonimamente um cadáver numa viagem! Tão logo tomassem conhecimento do fato, os passageiros abandonariam o navio.

Então o capitão Hardy conseguiu que o corpo fosse embalsamado e coberto por uma grande quantidade de sal. Depois, encaixotado e transportado como se fosse uma encomenda. Combinou-se que nenhuma palavra seria dada a respeito da morte da jovem mulher. Passagem comprada para a esposa, era preciso que alguém tomasse seu lugar durante a viagem, para não despertar suspeitas. A cabine extra, comprada a princípio para a empregada, foi mantida. Era ali que a "esposa de mentira" dormia todas as noites. Como ninguém a bordo conhecia a falecida, a criada passou a desempenhar o papel da patroa, da melhor forma possível, enganando assim a todos.

Alimentei meu erro com precipitação, imprudência, curiosidade e impulso excessivos. Tem sido difícil dormir ultimamente. Quando eu viro de um lado para o outro, vejo um rosto... Um rosto que me deixa apavorado... Acompanhado de uma risada nervosa, histérica, que para sempre irá me seguir!

> **GLOSSÁRIO**
>
> **Impetuoso:** que age por impulso; forte, intenso.

Edgar Allan Poe. *Contos de terror e mistério*. Tradução e adaptação de Telma Guimarães. São Paulo: Editora do Brasil, 2009. p. 9-18.

Edgar Allan Poe foi escritor, jornalista e crítico literário. Ele nasceu em Boston, Estados Unidos, em 1809, e morreu em 1849. Poe trabalhou em vários periódicos ao longo da vida. Um jornal de Richmond ganhou grande reputação graças ao talento de Poe. Em 1845, publicou "O corvo", seu poema mais famoso.

➕ AQUI TEM MAIS

O fantástico

A literatura fantástica é um gênero textual amplo que inclui muitos subgêneros: maravilhoso, terror, horror, estranho, entre tantos outros.

No fantástico, os personagens, do ponto de vista do narrador, estão sempre oscilando entre uma explicação racional e lógica para os acontecimentos e a admissão da existência de fenômenos que escapam a essa explicação, o sobrenatural.

O **horror** não precisa ser, necessariamente, algo fora do contexto da realidade. O horror é tudo o que nos faz refletir sobre certa situação real da humanidade, quando o real se torna algo assustador.

O **terror**, por sua vez, geralmente recorre a seres sobrenaturais (monstros, como vampiros, zumbis e outras criaturas assustadoras).

ESTUDO DO TEXTO

Apreciação

1. Antes de ler, você levantou hipóteses com base no título do conto. Elas se confirmaram?

2. Esse conto foi publicado no século XIX. Nessa época, as pessoas viajavam de navio – não existia avião –, iam a teatros, saraus, parques, reuniões familiares, bailes, liam muito (os que sabiam ler) como lazer. Não havia TV, rádio, jogos eletrônicos.
   - Como você imagina que os leitores receberam esse conto à época em que ele foi escrito e publicado?

Interpretação

1. O narrador do conto é também um personagem.
   a) Selecione um trecho do primeiro parágrafo que comprove essa afirmação.
   b) Como o narrador-personagem se descreve?
   c) Essa descrição é importante para o desenvolvimento do conto? Por quê?

2. No início do conto, o narrador-personagem descreve o amigo Cornélio Wyatt.
   a) Como ele faz isso?
   b) Qual ou quais dessas características se confirmam ao longo e ao final do conto?

3. Responda: No primeiro parágrafo do conto, que expressões indicam o tempo e o lugar em que se iniciam os acontecimentos da história? Copie no caderno a alternativa que explica melhor a função dessa indicação de tempo e lugar no conto.
   a) O tempo e o lugar são indicados pelo narrador para mostrar que os fatos realmente aconteceram.
   b) O tempo e o lugar são indicados para levar o leitor a acreditar que são reais.
   c) O tempo e o espaço são delimitados em qualquer obra de ficção, inclusive no conto.

4. O conto é uma narrativa e, como você já viu, existem elementos que compõem um texto narrativo. Pensando na situação inicial desse conto, que elemento a modifica e gera o conflito, o mistério?

5. O conto se desenvolve em um navio, nas cabines e no mar. Explique como cada elemento contribui para criar a atmosfera de mistério do conto.

6. Durante o desenvolvimento da história, vários fatos estranhos chamam a atenção do narrador.

   a) Para cada fato estranho, ele tenta fazer suposições e propor justificativas. No caderno, estabeleça uma relação entre as duas colunas.

Fato estranho	Justificativa
I. Cornélio Wyatt reserva três cabines com seis camas para quatro pessoas.	(a) O narrador imagina que o amigo está transportando uma obra de arte.
II. Uma misteriosa caixa é embarcada.	(b) Cornélio e a esposa vão se divorciar.
III. A esposa de Cornélio muda-se para outra cabine todas as noites.	(c) O narrador acredita que o amigo está sofrendo de insanidade.
IV. Cornélio tem um comportamento surpreendente quando o narrador fala da caixa.	(d) Cornélio reservou uma cabine para uma criada ou tem muita bagagem e não quer acomodá-la no porão.

   b) Quais dessas suposições do narrador foram parcialmente confirmadas? Por quê?

7. Ao contar os fatos da forma explicitada na atividade 6, o narrador provoca um efeito no leitor.
   - Copie no caderno as alternativas corretas sobre tal efeito.

   a) O leitor descobre o que aconteceu antes mesmo do narrador.
   b) O leitor vai, também, levantando hipóteses sobre o que pode acontecer.
   c) O leitor fica em suspense, na expectativa de saber se as suposições estão corretas.
   d) O leitor e o narrador ficam surpresos e em suspense ao mesmo tempo.
   e) Ao fazer suposições, o narrador fornece, ao mesmo tempo, pistas para o leitor.

8. Até a embarcação ser atingida por um furacão, o narrador acredita ter desvendado o mistério que envolvia o amigo.

   a) Que atitude de Cornélio Wyatt surpreende os passageiros no bote salva-vidas?
   b) Nesse trecho, em que momento da narrativa o suspense se intensifica? Explique.

9. Como o mistério da caixa é explicado?

10. Copie o quadro no caderno e complete-o com as informações do conto "A caixa retangular".

Situação inicial	Conflito	Clímax	Desfecho	Situação final

11. Releia o que você escreveu na coluna "Situação final" do quadro. Em sua opinião, por que o narrador passou a se sentir dessa forma?

12. Leia alguns sentidos do vocábulo **fantástico**. Quais deles se aplicam ao conto que você leu? Por quê?

   a) Criado pela imaginação.
   b) Que parece inacreditável; extraordinário.
   c) Que se mostra exótico, extravagante.

Linguagem

1. Releia a frase e explique o significado da expressão destacada.

> Minha curiosidade estava **à flor da pele**.

2. Releia este trecho do conto.

> Cornélio teve uma reação incompreensível. Seus olhos ficaram arregalados e o rosto, vermelho. Depois empalideceu e, para meu espanto, começou a rir bem alto, uma risada nervosa, por um bom tempo. Então, caiu estatelado no chão. Tentei levantá-lo e ele parecia morto. Chamei por socorro e conseguimos fazê-lo voltar a si. Quando recobrou a consciência, passou a falar coisas sem sentido. [...]

   a) Copie no caderno as palavras e expressões que revelam o comportamento misterioso de Cornélio.

   b) O que acontece ao personagem nesse trecho? Por que ele reage dessa forma?

3. Ao descrever a reação e o comportamento de Cornélio antes do desmaio, o narrador empregou frases curtas. Que efeito esse recurso provoca?

4. Nos textos narrativos são apresentadas algumas vozes: a do narrador e a dos personagens. Nesse conto, como são graficamente separadas a voz do narrador da voz dos demais personagens?

5. Explique o uso das aspas nos trechos a seguir.

Trecho 1

> Um dia depois, encontrei o Capitão Hardy a caminho do cais. Ele me contou que, devido "às circunstâncias", o Independência não zarparia antes de um ou dois dias. Quando tudo estivesse em ordem, ele avisaria. Achei aquilo estranho... O tempo estava bom, com uma brisa constante do sul... Como as "circunstâncias" não estavam bem claras, voltei para casa.

Trecho 2

> "Com certeza eles tinham muitas malas e quiseram acomodá-las por perto, e não no porão... Pode ser um quadro ou algo do gênero. Deve ter sido isso que ele negociou com Nicolino, o judeu italiano...", concluí.

Como você já estudou, um texto narrativo, como o conto "A caixa retangular", pode ser narrado do ponto de vista de um narrador-personagem ou de um narrador-observador. Quando o narrador é também personagem, o foco narrativo é na 1ª pessoa. Quanto o narrador não é personagem, é observador, o foco narrativo é na 3ª pessoa.

6. Releia o trecho a seguir e faça o que se pede.

> [...] Como eu andava muito curioso àquela época, preocupei-me com a história das cabines a mais. Sei que não era de minha conta, claro, mas acabei fazendo algumas previsões para tentar resolver o mistério. [...]

   • No caderno, copie os pronomes pessoais e verbos desse trecho que indicam o foco narrativo em 1ª pessoa.

 **ESTUDO DA LÍNGUA**

Período composto

1. Releia um trecho do conto de Edgar Allan Poe:

> Eu conhecia as duas irmãs de Cornélio. Elas eram amáveis e inteligentes. **Quanto a sua esposa, acabara de casar e eu não a conhecia ainda**. [...]

a) Copie no caderno dois períodos simples, ou seja, formados por apenas uma oração.

b) Que critério você usou para reconhecer os períodos simples?

c) No trecho destacado, há um período simples ou composto (formado por mais de uma oração)? Justifique sua resposta.

d) No trecho destacado, aparece a conjunção **e**. Qual é a função dela?
- Introduzir uma explicação.
- Concluir uma ideia.
- Adicionar uma informação.
- Explicar uma ideia.

O período composto é formado por duas ou mais orações que podem estabelecer entre si uma relação de coordenação (o sentido de cada oração está completo) ou de subordinação (o sentido de uma oração é completado pela outra).

Orações coordenadas

1. Releia um trecho do conto de Edgar Allan Poe e observe as conjunções destacadas.

> Prolonguei minha estada em mais de uma hora na esperança de ser apresentado à jovem esposa, **mas** recebi a desculpa de que a senhora Wyatt só viria para o navio no dia seguinte, à hora da partida, **porque** estava indisposta.

a) Qual das conjunções destacadas introduz uma oração que é uma explicação?

b) Qual das conjunções destacadas introduz uma oração que se opõe à informação anterior?

c) Qual destas conjunções poderia substituir a conjunção **mas** no texto mantendo o mesmo sentido da oração: **portanto**, **porém** ou **por isso**?

2. Leia o período a seguir.

> A esposa de Cornélio chegou ao navio, foi apresentada ao amigo de seu marido, falou pouco e se afastou para o camarote.

a) Quantas orações formam esse período?

b) Qual é a função das vírgulas nesse período?

Os períodos compostos por orações coordenadas podem ser separados por meio de vírgulas ou introduzidos por conjunções que estabelecem uma relação de sentido entre as orações do período.

207

Veja as principais conjunções coordenativas a seguir.

> **Aditivas**: e; nem; não só... mas também.
> **Adversativas**: mas; porém; todavia; contudo; no entanto.
> **Alternativas**: ou; ou... ou; ora..., ora; quer... quer.
> **Conclusivas**: logo; portanto; por isso; pois (após o verbo).
> **Explicativas**: porque; que; pois (antes do verbo).

3. Forme períodos compostos, estabelecendo relações de sentido entre as orações. Utilize conjunções para relacionar as orações e, então, explique o sentido que elas acrescentam ao texto.

    a) Cornélio escondeu a estranha caixa na viagem. Ele tinha um segredo dentro dela.
    b) O transporte do corpo deveria ser feito por navio. Ninguém poderia saber do segredo.
    c) O capitão não podia revelar o segredo da caixa. O capitão não podia explicar os fatos aos viajantes.

ATIVIDADES

1. Leia o trecho de um conto de Marina Colasanti.

    ### Palavras aladas

    Silêncio era a coisa de que aquele rei mais gostava. [...] Qualquer ruído, dizia, era faca em seus ouvidos.
    Por isso, muito jovem ainda, mandou construir altíssimos muros ao redor do castelo. E logo, não satisfeito, ordenou que por cima dos muros, e por cima das torres, por cima dos telhados e dos jardins, passasse imensa redoma de vidro.
    Agora sim, nenhum som entrava no castelo. [...]
    [...]
    Mas se os sons não podiam entrar, verdade é que também não podiam sair. Qualquer palavra dita, qualquer espirro, soluço, canto ficava vagando prisioneiro do castelo, sem que lhe fossem de valia fresta de janela ou porta esquecida aberta. **Pois** se ainda era possível escapar às paredes, nada os libertava da redoma.
    [...]

    Marina Colasanti. *Mais de 100 histórias maravilhosas*. São Paulo: Global, 2015. Conto disponível em: <https://books.google.com.br/books?id=lKSwDQAAQBAJ&printsec=frontcover&dq=marina+colasanti&hl=ptBR&sa=X&ved=0ahUKEwj6wZ37i_7cAhXDTZAKHRpjBWAQ6AEIQjAF#v=onepage&q&f=false>. Acesso em: 22 set. 2018. (Grifo nosso).

    a) Qual é o sentido da oração "qualquer ruído [...] era faca em seus ouvidos"?
    b) A solução encontrada pelo rei para isolar o barulho deu certo? Por quê?
    c) No caderno, copie a conjunção destacada que introduz:
       • uma oração que é uma conclusão;
       • uma oração que acrescenta uma explicação à informação anterior.

2. No caderno, complete as orações com informações do trecho de "Palavras aladas".

    a) O rei quis isolar os ruídos, porém...
    b) Os sons não conseguiam sair, porque ...
    c) O rei gostava muito de silêncio, por isso...
    d) Os sons não podiam entrar nem ...

Lenda urbana

Existem algumas histórias que, assim como os contos fantásticos, costumam dar arrepios. Converse com o professor e os colegas sobre lendas urbanas. Vocês acreditam nessas lendas? Quais vocês já ouviram? Conhecem o Homem do Saco, a Gangue dos Palhaços, a Mulher da Meia-Noite, a Loira do Banheiro, A Loira do Cemitério do Bonfim, a Brincadeira do Copo? E quais outras?

Lenda urbana é uma história fictícia, geralmente transmitida oralmente e que faz parte de um "folclore moderno". É muito comum que essas lendas sejam narradas como um acontecimento público. Não é possível saber sua origem, no entanto, na contação delas, sempre é dito que se trata de uma história que se passou com algum conhecido ou com o amigo de um conhecido.

Para começar

1. Forme um pequeno grupo para contar uma lenda urbana ao restante da turma.
2. Você e os colegas podem recontar uma lenda que conhecem, pesquisar lendas urbanas na internet ou consultar familiares, amigos e vizinhos.
3. Se optarem pelo conhecimento transmitido oralmente, perguntem às pessoas mais velhas de sua convivência que lendas as assombravam quando eram crianças ou se elas têm alguma história misteriosa ou fato amedrontador para contar. Usem o celular ou um gravador para gravar a narrativa.

Selecionar

Depois de ouvir e pesquisar várias lendas urbanas, selecione com o grupo a história que vocês acharam mais interessante e conversem sobre ela.

1. Quais impressões essa lenda causou em vocês?
2. Que detalhes fazem a história parecer verdadeira?
3. Essa lenda transmite terror, humor, alerta ou lição de moral?

Recontar

1. Com as palavras de vocês, recontem uns aos outros a lenda escolhida.
2. Decidam quem vai narrar cada parte da história.
3. Ensaiem a dramatização, tentando transmitir os acontecimentos com naturalidade e expressividade para prender a atenção dos ouvintes e convencê-los de que se trata de um acontecimento real.
4. Vocês podem preparar efeitos sonoros ou usar outros recursos (como objetos, roupas e acessórios) para ajudá-los na recontagem da história.

Compartilhar

No dia combinado, recontem a lenda urbana aos colegas.

CAPÍTULO 2

Neste capítulo, você vai ler e estudar outro conto fantástico. No final do capítulo, você vai produzir um conto fantástico para compartilhar com colegas da escola por meio de rede social e de um *podcast*. Vai também revisar e ampliar o uso da pontuação e da interjeição.

Você lerá agora outro conto fantástico, "As formigas", da escritora brasileira Lygia Fagundes Telles.

1. Você já leu algum texto dessa autora? Qual?

2. O que você espera de um conto fantástico com esse título?

As formigas

Quando minha prima e eu descemos do táxi já era quase noite. Ficamos imóveis diante do velho sobrado de janelas ovaladas, iguais a dois olhos tristes, um deles vazado por uma pedrada. Descansei a mala no chão e apertei o braço da prima.

– É sinistro.

Ela me impeliu na direção da porta. Tínhamos outra escolha? Nenhuma pensão nas redondezas oferecia um preço melhor a duas pobres estudantes, com liberdade de usar o fogareiro no quarto, a dona nos avisara por telefone que podíamos fazer refeições ligeiras com a condição de não provocar incêndio. Subimos a escada velhíssima, cheirando a creolina.

– Pelo menos não vi sinal de barata – disse minha prima.

A dona era uma velha balofa, de peruca mais negra do que a asa da graúna. Vestia um desbotado pijama de seda japonesa e tinha as unhas aduncas recobertas por uma crosta de esmalte vermelho-escuro descascado nas pontas encardidas. Acendeu um charutinho.

– É você que estuda Medicina? – perguntou soprando a fumaça na minha direção.

– Estudo Direito. Medicina é ela.

A mulher nos examinou com indiferença. Devia estar pensando em outra coisa quando soltou uma baforada tão densa que precisei desviar a cara. A saleta era escura, atulhada de móveis velhos, desparelhados. No sofá de palhinha furada no assento, duas almofadas que pareciam ter sido feitas com os restos de um antigo vestido, os bordados salpicados de vidrilho.

– Vou mostrar o quarto, fica no sótão – disse ela em meio a um acesso de tosse. Fez um sinal para que a seguíssemos. – O inquilino antes de vocês também estudava Medicina, tinha um caixotinho de ossos que esqueceu aqui, estava sempre mexendo neles.

Minha prima voltou-se:

– Um caixote de ossos?

A mulher não respondeu, concentrada no esforço de subir a estreita escada de caracol que ia dar no quarto. Acendeu a luz. O quarto não podia ser menor, com o teto em declive tão acentuado que nesse trecho teríamos que entrar de gatinhas. Duas camas, dois armários e uma cadeira de palhinha pintada de dourado. No ângulo onde o teto quase se encontrava com o assoalho, estava um caixotinho coberto com um pedaço de plástico. Minha prima largou a mala e pondo-se de joelhos puxou o caixotinho pela alça de corda. Levantou o plástico. Parecia fascinada.

– Mas que ossos tão miudinhos! São de criança?

– Ele disse que eram de adulto. De um anão.

– De um anão? É mesmo, a gente vê que já estão formados... Mas que maravilha, é raro à beça esqueleto de anão. E tão limpo, olha aí – admirou-se ela. Trouxe na ponta dos dedos um pequeno crânio de uma brancura de cal. – Tão perfeito, todos os dentinhos!

– Eu ia jogar tudo no lixo, mas se você se interessa pode ficar com ele. O banheiro é aqui ao lado, só vocês é que vão usar, tenho o meu lá embaixo. Banho quente, extra. Telefone, também. Café das sete às nove, deixo a mesa posta na cozinha com a garrafa térmica, fechem bem a garrafa – recomendou coçando a cabeça. A peruca se deslocou ligeiramente. Soltou uma baforada final: – Não deixem a porta aberta senão meu gato foge.

Ficamos nos olhando e rindo enquanto ouvíamos o barulho dos seus chinelos de salto na escada. E a tosse encatarrada.

Esvaziei a mala, dependurei a blusa amarrotada num cabide que enfiei num vão da veneziana, prendi na parede, com durex, uma gravura de Grassmann e sentei meu urso de pelúcia em cima do travesseiro. Fiquei vendo

> **GLOSSÁRIO**
>
> **Aduncas:** curvas, envergadas.
> **De gatinhas:** com as mãos e os joelhos no chão; de gatas, de quatro, de quatro pés.
> **Tíbia:** o maior e mais interno dos dois ossos da perna.
> **Vidrilho:** cada um dos canudinhos de massa de vidro ou substância análoga que se enfiam à maneira de contas ou miçangas, usado na fabricação de bijuterias, ornatos e em bordados.

minha prima subir na cadeira, desatarraxar a lâmpada fraquíssima que pendia de um fio solitário no meio do teto e no lugar atarraxar uma lâmpada de duzentas velas que tirou da sacola. O quarto ficou mais alegre. Em compensação, agora a gente podia ver que a roupa de cama não era tão alva assim, alva era a pequena tíbia que ela tirou de dentro do caixotinho. Examinou-a. Tirou uma vértebra e olhou pelo buraco tão reduzido como o aro de um anel. Guardou-as com a delicadeza com que se amontoam ovos numa caixa.

– Um anão. Raríssimo, entende? E acho que não falta nenhum ossinho, vou trazer as ligaduras, quero ver se no fim da semana começo a montar ele.

Abrimos uma lata de sardinha que comemos com pão, minha prima tinha sempre alguma lata escondida, costumava estudar até a madrugada e depois fazia sua ceia. Quando acabou o pão, abriu um pacote de bolacha Maria.

– De onde vem esse cheiro? – perguntei farejando. Fui até o caixotinho, voltei, cheirei o assoalho. – Você não está sentindo um cheiro meio ardido?

– É de bolor. A casa inteira cheira assim – ela disse. E puxou o caixotinho para debaixo da cama.

No sonho, um anão louro de colete xadrez e cabelo repartido no meio entrou no quarto fumando charuto. Sentou-se na cama da minha prima, cruzou as perninhas e ali ficou muito sério, vendo-a dormir. Eu quis gritar, Tem um anão no quarto!, mas acordei antes. A luz estava acesa. Ajoelhada no chão, ainda vestida, minha prima olhava fixamente algum ponto do assoalho.

– Que é que você está fazendo aí? – perguntei.

– Essas formigas. Apareceram de repente, já enturmadas. Tão decididas, está vendo?

Levantei e dei com as formigas pequenas e ruivas que entravam em trilha espessa pela fresta debaixo da porta, atravessavam o quarto, subiam pela parede do caixotinho de ossos e desembocavam lá dentro, disciplinadas como um exército em marcha exemplar.

– São milhares, nunca vi tanta formiga assim. E não tem trilha de volta, só de ida – estranhei.

– Só de ida.

Contei-lhe meu pesadelo com o anão sentado em sua cama.

– Está debaixo dela – disse minha prima e puxou para fora o caixotinho. Levantou o plástico. – Preto de formiga! Me dá o vidro de álcool.

– Deve ter sobrado alguma coisa aí nesses ossos e elas descobriram, formiga descobre tudo. Se eu fosse você, levava isso lá pra fora.

– Mas os ossos estão completamente limpos, eu já disse. Não ficou nem um fiapo de cartilagem, limpíssimos. Queria saber o que essas bandidas vêm fuçar aqui.

Respingou fartamente o álcool em todo o caixote. Em seguida, calçou os sapatos e, como uma equilibrista andando no fio de arame, foi pisando firme, um pé diante do outro na trilha de formigas. Foi e voltou duas vezes. Apagou o cigarro. Puxou a cadeira. E ficou olhando dentro do caixotinho.

— Esquisito. Muito esquisito.

— O quê?

— Me lembro que botei o crânio em cima da pilha, me lembro que até calcei ele com as omoplatas para não rolar. E agora ele está aí no chão do caixote, com uma omoplata de cada lado. Por acaso você mexeu aqui?

— Deus me livre, tenho nojo de osso! Ainda mais de anão.

Ela cobriu o caixotinho com o plástico, empurrou-o com o pé e levou o fogareiro para a mesa, era a hora do seu chá. No chão, a trilha de formigas mortas era agora uma fita escura que encolheu. Uma formiguinha que escapou da matança passou perto do meu pé, já ia esmagá-la quando vi que levava as mãos à cabeça, como uma pessoa desesperada. Deixei-a sumir numa fresta do assoalho.

Voltei a sonhar aflitivamente, mas dessa vez foi o antigo pesadelo com os exames, o professor fazendo uma pergunta atrás da outra e eu muda diante do único ponto que não tinha estudado. Às seis horas o despertador disparou veementemente. Travei a campainha. Minha prima dormia com a cabeça coberta. No banheiro, olhei com atenção para as paredes, para o chão de cimento, à procura delas. Não vi nenhuma. Voltei pisando na ponta dos pés e então entreabri as folhas da veneziana. O cheiro suspeito da noite tinha desaparecido. Olhei para o chão: desaparecera também a trilha do exército massacrado. Espiei debaixo da cama e não vi o menor movimento de formigas no caixotinho coberto.

Quando cheguei por volta das sete da noite, minha prima já estava no quarto. Achei-a tão abatida que carreguei no sal da omelete, tinha a pressão baixa. Comemos num silêncio voraz. Então me lembrei.

— E as formigas?

— Até agora, nenhuma.

— Você varreu as mortas?

Ela ficou me olhando.

— Não varri nada, estava exausta. Não foi você que varreu?

— Eu?! Quando acordei, não tinha nem sinal de formiga nesse chão, estava certa que antes de deitar você juntou tudo... Mas então, quem?!

Ela apertou os olhos estrábicos, ficava estrábica quando se preocupava.

— Muito esquisito mesmo. Esquisitíssimo.

> **GLOSSÁRIO**
>
> **Espargir:** borrifar.

Fui buscar o tablete de chocolate e perto da porta senti de novo o cheiro, mas seria bolor? Não me parecia um cheiro assim inocente, quis chamar a atenção da minha prima para esse aspecto, mas ela estava tão deprimida que achei melhor ficar quieta. Espargi água-de-colônia Flor de Maçã por todo o quarto (e se ele cheirasse como um pomar?) e fui deitar cedo. Tive o segundo tipo de sonho, que competia nas repetições com o tal sonho da prova oral, nele eu marcava encontro com dois namorados ao mesmo tempo. E no mesmo lugar. Chegava o primeiro e minha aflição era levá-lo embora dali antes que chegasse o segundo. O segundo, desta vez, era o anão. Quando só restou o oco de silêncio e sombra, a voz da minha prima me fisgou e me trouxe para a superfície. Abri os olhos com esforço. Ela estava sentada na beira da minha cama, de pijama e completamente estrábica.

213

– Elas voltaram.
– Quem?
– As formigas. Só atacam de noite, antes da madrugada. Estão todas aí de novo.

A trilha da véspera, intensa, fechada, seguia o antigo percurso da porta até o caixotinho de ossos por onde subia na mesma formação até desformigar lá dentro. Sem caminho de volta.

– E os ossos?

Ela se enrolou no cobertor, estava tremendo.

– Aí é que está o mistério. Aconteceu uma coisa, não entendo mais nada! Acordei pra fazer pipi, devia ser umas três horas. Na volta, senti que no quarto tinha algo mais, está me entendendo? Olhei pro chão e vi a fila dura de formigas, você se lembra? Não tinha nenhuma quando chegamos. Fui ver o caixotinho, todas se trançando lá dentro, lógico, mas não foi isso o que quase me fez cair pra trás, tem uma coisa mais grave: é que os ossos estão mesmo mudando de posição, eu já desconfiava mas agora estou certa, pouco a pouco eles estão... Estão se organizando.

– Como, se organizando?

Ela ficou pensativa. Comecei a tremer de frio, peguei uma ponta do seu cobertor. Cobri meu urso com o lençol.

– Você lembra, o crânio entre as omoplatas, não deixei ele assim. Agora é a coluna vertebral que já está quase formada, uma vértebra atrás da outra, cada ossinho tomando o seu lugar, alguém do ramo está montando o esqueleto, mais um pouco e... Venha ver!

– Credo, não quero ver nada. Estão colando o anão, é isso?

Ficamos olhando a trilha rapidíssima, tão apertada que nela não caberia sequer um grão de poeira. Pulei-a com o maior cuidado quando fui esquentar o chá. Uma formiguinha desgarrada (a mesma daquela noite?) sacudia a cabeça entre as mãos. Comecei a rir e tanto que se o chão não estivesse ocupado, rolaria por ali de tanto rir. Dormimos juntas na minha cama. Ela dormia ainda quando saí para a primeira aula. No chão, nem sombra de formiga, mortas e vivas desapareciam com a luz do dia.

Voltei tarde essa noite, um colega tinha se casado e teve festa. Vim animada, com vontade de cantar. Só na escada é que me lembrei: o anão. Minha prima arrastara a mesa para a porta e estudava com o bule fumegando no fogareiro.

– Hoje não vou dormir, quero ficar de vigia – ela avisou.

O assoalho ainda estava limpo. Me abracei ao urso.

– Estou com medo.

Ela foi buscar uma pílula para atenuar minha ressaca, me fez engolir a pílula com um gole de chá e ajudou a me despir.

– Fico vigiando, pode dormir sossegada. Por enquanto não apareceu nenhuma, não está na hora delas, é daqui a pouco que começa. Examinei com a lupa debaixo da porta, sabe que não consigo descobrir de onde brotam?

Tombei na cama, acho que nem respondi. No topo da escada o anão me agarrou pelos pulsos e rodopiou comigo até o quarto. Acorda, acorda! Demorei para reconhecer minha prima que me segurava pelos cotovelos. Estava lívida. E vesga.

– Voltaram – ela disse.

Apertei entre as mãos a cabeça dolorida.

– Estão aí?

Ela falava num tom miúdo, como se uma formiguinha falasse com sua voz.

– Acabei dormindo em cima da mesa, estava exausta. Quando acordei, a trilha já estava em plena movimentação. Então fui ver o caixotinho, aconteceu o que eu esperava...

– O que foi? Fala depressa, o que foi?

Ela firmou o olhar oblíquo no caixotinho debaixo da cama.

– Estão mesmo montando ele. E rapidamente, entende?

O esqueleto já está inteiro, só falta o fêmur. E os ossinhos da mão esquerda, fazem isso num instante. Vamos embora daqui.

– Você está falando sério?

– Vamos embora, já arrumei as malas.

A mesa estava limpa e vazios os armários escancarados.

– Mas sair assim, de madrugada? Podemos sair assim?

– Imediatamente, melhor não esperar que a bruxa acorde. Vamos, levanta!

– E para onde a gente vai?

– Não interessa, depois a gente vê. Vamos, vista isto, temos que sair antes que o anão fique pronto.

Olhei de longe a trilha: nunca elas me pareceram tão rápidas. Calcei os sapatos, descolei a gravura da parede, enfiei o urso no bolso da japona e fomos arrastando as malas pelas escadas, mais intenso o cheiro que vinha do quarto, deixamos a porta aberta. Foi o gato que miou comprido ou foi um grito?

No céu, as últimas estrelas já empalideciam. Quando encarei a casa, só a janela vazada nos via, o outro olho era penumbra.

> **GLOSSÁRIO**
>
> **Omoplata:** o mesmo que escápula; osso triangular e achatado que faz parte da articulação do ombro.

Lygia Fagundes Telles. *Seminário dos Ratos: contos*. São Paulo: Companhia das Letras, 2009.

Lygia Fagundes Telles nasceu em 1923, em São Paulo, e formou-se em Direito e Educação Física. É escritora, romancista e contista e ganhou diversos prêmios literários. Seu interesse por literatura começou ainda na infância, e sua estreia oficial ocorreu em 1938. Ela é membro da Academia Brasileira de Letras.

AQUI TEM MAIS

Marcelo Grassmann

Você leu o seguinte trecho no conto:

> Esvaziei a mala, dependurei a blusa amarrotada num cabide que enfiei num vão da veneziana, prendi na parede, com durex, uma gravura de Grassmann e sentei meu urso de pelúcia em cima do travesseiro. [...]

Conheça um pouco da vida desse artista.

Marcelo Grassmann (1925-2013), desenhista, artista plástico, xilografista e gravurista brasileiro, nasceu em São Simão, São Paulo. Estudou fundição, mecânica e xilogravura na Escola Técnica Getúlio Vargas, em São Paulo, entre 1939 e 1942.

Reconhecido como o melhor gravador nacional pela Bienal de São Paulo de 1955 e melhor desenhista pela Bienal de 1959, destaca-se ainda por sua participação nas bienais de Veneza, Paris e Tóquio. Depois da fase inicial da xilogravura, dedicou-se à gravura em metal e à litografia. Sua obra é marcada por monstros, que às vezes dão lugar a figuras de cavaleiros e mulheres. O artista ultrapassa os limites do real inserindo em seus trabalhos um clima fantástico, nos quais alia uma simbologia gráfica extremamente rica a uma técnica muito pessoal e refinada.

↑ Marcelo Grassmann, 2006.

↑ Marcelo Grassmann. Obra sem título. Água-forte e água-tinta sobre papel, 39 cm × 53,2 cm.

Apreciação

1. Antes de ler, você criou uma hipótese sobre o conto com base no título dele. Sua hipótese se confirmou?

2. Que sensações o texto lhe provocou? Você gostou do conto? Por quê?

3. Que parte do texto mais lhe chamou a atenção? Por quê?

Interpretação

1. Releia este trecho extraído do conto.

Quando minha prima e eu descemos do táxi já era quase noite. Ficamos imóveis diante do velho sobrado de janelas ovaladas, iguais a dois olhos tristes, um deles vazado por uma pedrada. Descansei a mala no chão e apertei o braço da prima.
— É sinistro.
Ela me impeliu na direção da porta. Tínhamos outra escolha?

a) Que comparação a narradora faz para descrever o sobrado?

b) Que sensação e expectativa a narradora provoca no leitor com essa descrição da pensão e com sua fala?

c) O que motivou as primas a escolher aquele local?

d) Qual é a importância desse cenário para o desenvolvimento do conto fantástico?

2. A descrição da dona da pensão também é um indício do que virá no texto. Releia essa descrição no terceiro parágrafo do conto e responda às questões a seguir.

a) O que a descrição da dona da pensão sugere ao leitor?

b) De que forma essa descrição se relaciona com a descrição da pensão?

3. A dona da pensão dá à estudante de Medicina um caixotinho. Como esse objeto está relacionado ao desenvolvimento do conto?

4. O que é possível deduzir sobre a narradora diante do fato de ela enfeitar o quarto com uma gravura de Grassmann?

A expressão "mais negra do que a asa da graúna", no conto de Lygia Fagundes Telles, é utilizada para caracterizar a peruca da dona da pensão. Essa expressão foi retirada do livro *Iracema*, de José de Alencar.

Observando a imagem dessa ave, é possível saber o motivo da comparação, não é?

217

5. No conto "As formigas", fatos estranhos vão se sucedendo e as personagens apresentam diferentes reações a cada um deles. No caderno, estabeleça uma relação entre as duas colunas.

Fato estranho	Justificativa ou hipótese
I. As estudantes sentem um cheiro ardido.	(a) Sobrou algo nos ossos. A estudante de Medicina joga álcool sobre eles e pisoteia as formigas.
II. As formigas aparecem em fila pela primeira vez numa fila "só de ida" até o caixote.	(b) As moças ficam com medo e dormem juntas.
III. O cheiro retorna.	(c) Elas supõem que o cheiro seja de bolor e não fazem nada.
IV. As formigas aparecem novamente e parecem montar o esqueleto.	(d) A estudante de Direito joga água-de-colônia no quarto.

6. Em que período do dia os fatos inusitados acontecem?

7. Compare os contos "A caixa retangular" (Capítulo 1) e "As formigas" (Capítulo 2). Para isso, copie e complete o quadro no caderno.

	Tipo de narrador	Objeto estranho	Protagonista	Época	Lugar	Desfecho e final
"A caixa retangular"						
"As formigas"						

a) Releia o quadro e responda: Em qual dos dois contos, há uma finalização e explicação? Justifique.

b) Em qual dos dois contos o desfecho é mais aberto? Explique.

c) Qual é a diferença entre o narrador do conto do Capítulo 1 e as primas (conto do Capítulo 2) em relação à atitude que tomam diante do que descobrem?

8. Nos dois contos, os personagens se deparam com fatos inusitados. Como reagem a esses acontecimentos?

9. Que momento pode ser considerado o clímax do conto "As formigas"?

10. Releia o trecho a seguir.

Olhei de longe a trilha: nunca **elas** me pareceram tão rápidas. Calcei os sapatos, descolei a gravura da parede, enfiei o urso no bolso da japona e fomos arrastando as malas pelas escadas, mais intenso o cheiro que vinha do quarto, deixamos a porta aberta. Foi o gato que miou comprido ou foi um grito?

No céu, as últimas estrelas já empalideciam. Quando encarei a casa, só a janela vazada nos via, o outro olho era penumbra.

a) A quem o termo destacado se refere?

b) Por que as primas fugiram do sobrado?

Linguagem

1. Analise o seguinte trecho, prestando atenção à fala destacada:

— Não varri nada, estava exausta. Não foi você que varreu?

— **Eu?! Quando acordei, não tinha nem sinal de formiga nesse chão, estava certa que antes de deitar você juntou tudo... Mas então, quem?!**

Ela apertou os olhos estrábicos, ficava estrábica quando se preocupava.

— Muito esquisito mesmo. Esquisitíssimo.

- Qual é o objetivo das reticências no trecho destacado?

2. No conto "As formigas" há uma narradora-personagem.

a) O foco narrativo está em 1ª ou em 3ª pessoa?

b) A narradora conta os acontecimentos conforme sua percepção ou ela tem acesso ao pensamento dos personagens?

> Os **tipos de discurso** são a forma pela qual o narrador introduz a voz dos personagens na própria voz.
>
> No **discurso direto**, os personagens ganham voz e os acontecimentos são contados na forma de diálogo entre eles.
>
> No **discurso indireto**, o narrador reproduz as falas e as reações dos personagens, contando o que eles falaram.

3. Que tipo de discurso predomina nos contos que você leu nesta unidade?

O QUE APRENDEMOS COM O ESTUDO DE CONTO FANTÁSTICO

- Os **contos fantásticos** narram acontecimentos inusitados, estranhos, que geram suspense e despertam tensão, medo, anseio, indignação etc.
- O lugar, bem como as condições climáticas e a hora do dia em que os fatos acontecem, colaboram para o desenvolvimento da história.
- É o suspense, no conto fantástico, que cria o efeito de medo ou que provoca terror.
- A caracterização dos personagens e as emoções expressas em suas falas também são elementos de suspense.
- Os contos fantásticos são narrativas.
- **Foco narrativo** é o ponto de vista do qual os acontecimentos da história são narrados.

ENTRELAÇANDO LINGUAGENS

A literatura fantástica, especialmente os subgêneros terror e horror, renderam muitos filmes, inclusive de animação. Assista, pela internet, a dois *trailers*. O primeiro deles, da animação *Frankenweenie*, de Tim Burton (2012), e o segundo, *Paranorman*, de Chris Butler (2012).

A animação de Tim Burton foi baseada num clássico da literatura de terror, *Frankenstein,* de Mary Shelley, várias vezes adaptado para o cinema. Nessa animação, o garoto Victor sente muita saudade de seu cachorro e decide trazê-lo de volta à vida. O que poderia acontecer?

Paranorman é uma história em que um garoto pode ver pessoas mortas. Ele se sente muito diferente por esse motivo. Até que, certo dia, seus dons serão extremamente necessários.

1. Que situações foram selecionadas para provocar no espectador o desejo de assistir ao filme?

2. Você assistiria a esses filmes com base nos *trailers*? Por quê?

DICAS

ACESSE

Megacurioso: <www.megacurioso.com.br/misterios>. Nesse *site*, há várias histórias surpreendentes e supostamente reais sobre o mundo sobrenatural.

ASSISTA

Coraline e o mundo secreto, EUA, 2009. Direção: Henry Selick, 100 min. Coraline Jones se muda com a família para uma nova casa e encontra uma porta secreta que dá acesso a outra dimensão, onde tudo parece ser melhor. Logo, Coraline descobrirá que há algo errado e precisará ser muito corajosa para voltar à vida real.

Eu e meu guarda-chuva, Brasil, 2010. Direção: Toni Vanzolini, 78 min. No último dia de férias, Eugênio e os amigos descobrem que a nova escola fica numa mansão mal-assombrada e decidem investigar, contando apenas com a coragem e uma ajudinha do guarda-chuva de Eugênio, herdado do avô.

LEIA

A queda da casa de Usher, de Edgar Allan Poe, adaptado para HQ por Matthew K. Manning (DCL). Roderick Usher está doente e envia uma carta a um amigo de infância, convidando-o a passar uns dias com ele. O amigo, ao chegar à casa em que morava Usher, encontra a mansão em ruínas.

Histórias fantásticas, de vários autores (Ática, Col. Para Gostar de Ler, 21). Fatos estranhos, que parecem inexplicáveis, transformam a vida dos personagens dessas 13 histórias em que o fantástico interfere no cotidiano e o desfecho fica por conta da interpretação do leitor. São contos de Guy de Maupassant, Lima Barreto, Edgar Allan Poe, Moacyr Scliar, Franz Kafka, Charles Dickens, entre outros.

A causa secreta e outros contos de horror, de vários autores (Boa Companhia). Com destaque para o conto "A causa secreta", de um dos maiores escritores brasileiros de todos os tempos, Machado de Assis, o livro apresenta contos de seis autores do gênero de horror.

Frrit-Flacc, de Júlio Verne (StoryMax). Esse livro-aplicativo é uma adaptação do conto fantástico de Júlio Verne com o mesmo título. Na história, Doutor Trifugas surge como um homem honesto, mas duro. Certa noite de chuva intensa, uma família miserável bate à sua porta, incessantemente, solicitando atendimento. No percurso, o sobrenatural aparece.

PRODUÇÃO ESCRITA

Conto fantástico

Nesta produção de texto, você também escreverá um conto fantástico.

Seu conto será apresentado, primeiro, aos colegas da turma. Depois, vocês podem produzir *podcasts* com partes dos contos ou com as histórias mais estranhas para causar suspense e curiosidade nos colegas de outras turmas da escola. O título pode ser: "Histórias que dão um friozinho na espinha".

Criar e desenvolver

No conto, você deve criar uma atmosfera de mistério e suspense.

1. Imagine como você se sentiria diante de uma situação inusitada. Escreva respondendo às questões:
   - Quais são os barulhos e sons assustadores do ambiente?
   - Há neblina? Está muito escuro? Quais elementos são assustadores?
   - O personagem está com alguém? Quem?
   - Que hipóteses e explicações ele elabora para justificar a situação inusitada?
   - Em que ele está pensando?
   - Como vai resolver a situação?
2. Preparação para o fim. Quebre a expectativa do leitor escrevendo algo que ninguém espera.
3. Final: Como ele consegue sair da situação?

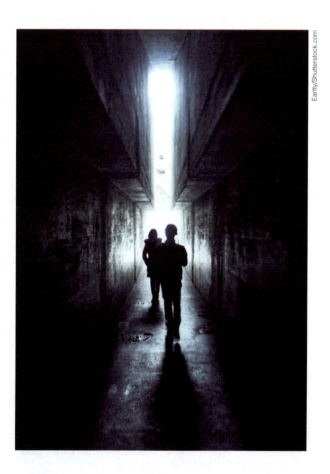

Revisar

1. Troque de texto com um colega. Oriente-se pelas questões que direcionaram a produção para comentar o texto dele.
2. Receba seu texto de volta e refaça-o considerando as observações do colega.
3. Não se esqueça de também verificar se pontuou o texto e escreveu as palavras corretamente.
4. Entregue o texto ao professor, que também vai dar sugestões para reformulá-lo.

Avaliar e compartilhar

1. Conforme as instruções do professor, reúna-se em grupo. Leia seu texto para os colegas.
2. Organizem um dia para gravar os *podcasts*.

ESCRITA EM FOCO

Interjeição e pontuação

Leia a tirinha.

Disponível em: <www.ospassarinhos.com.br/>. Acesso em: 24 out. 2018.

a) Qual é a diferença de comportamento do personagem entre o primeiro e o segundo quadrinho?

b) Que palavras indicam os sentimentos do personagem nos dois primeiros quadrinhos?

c) Observe as interjeições a seguir. Explique o sentido de cada uma delas na tirinha.
- ÊÊÊÊÊ!!!...
- ...AAAAH...

d) Observe a repetição de pontos de exclamação no terceiro quadrinho. O que essa repetição indica sobre os sentimentos do personagem?

Na língua portuguesa, algumas palavras são registradas para expressar os sentimentos e emoções dos falantes. Essas palavras são denominadas **interjeições**. Geralmente, são seguidas por ponto de exclamação na escrita e pela entonação da fala.

Dependendo do contexto, uma mesma interjeição pode adquirir significados diferentes. Veja os exemplos:

Nossa! Que notícia triste!   **Nossa!** Que bom te encontrar!

No primeiro exemplo, a interjeição **Nossa!** expressa um sentimento de tristeza; já no segundo, a ideia é de alegria.

Há vários tipos de interjeição. Conheça algumas e observe os sentidos que elas expressam.

Admiração	Oh! Viva! Ah! Oh!
Advertência	Cuidado! Atenção!
Alegria	Ah! Oba! Viva!
Alívio	Ufa! Ah!
Dor	Ai! Ui!

Quando duas ou mais palavras têm o mesmo valor de uma interjeição, elas formam as locuções interjetivas. Exemplos:

Que horror!   Puxa vida!   Muito bem!   Que pena!

ATIVIDADES

1. Leia um trecho de uma crônica.

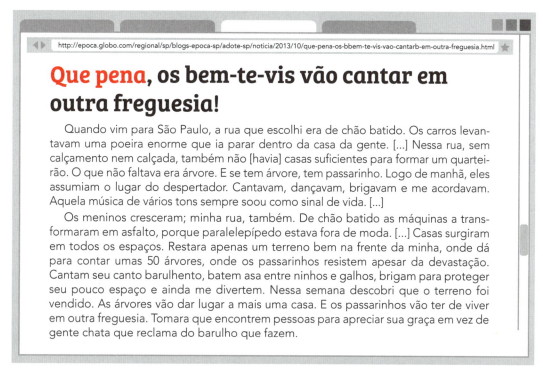

Milton Jung. Que pena, os bem-te-vis vão cantar em outra freguesia! *Época*, 2 nov. 2013. Disponível em: <http://epoca.globo.com/regional/sp/blogs-epoca-sp/adote-sp/noticia/2013/10/que-pena-os-bbem-te-vis-vao-cantarb-em-outra-freguesia.html>. Acesso em: 22 set. 2018.

a) A crônica trata de transformações que ocorreram em uma rua. O que mudou com a passagem do tempo?

b) Observe a expressão destacada no texto. O que ela exprime sobre os sentimentos do narrador?

c) Que sentido a expressão "tomara que" acrescenta ao texto?

2. Leia a tirinha:

Fernando Gonsales.

a) A tirinha mostra uma sequência de ações. O que ela representa na vida do cachorro?

b) Releia as falas do personagem no último quadrinho. Como ele se sente?

c) No último quadrinho, cada fala do animal é acompanhada pela repetição de pontos de exclamação. Que sentido elas acrescentam à fala do personagem?

223

Referências

ANTUNES, Irandé. *Aula de português*: encontros e interação. São Paulo: Parábola, 2004.

_____. *Lutar com as palavras*: coesão e coerência. São Paulo: Parábola, 2005.

BAGNO, Marcos. *Gramática pedagógica do português brasileiro*. São Paulo: Parábola, 2011.

_____. *Nada na língua é por acaso:* por uma pedagogia da variação linguística. São Paulo: Parábola, 2007.

_____. *Preconceito linguístico*: o que é, como se faz. São Paulo: Loyola, 2004.

BAKHTIN, Mikhail. *Estética da criação verbal*. São Paulo: Martins Fontes, 2000.

BECHARA, Evanildo. *Moderna gramática portuguesa*. 37. ed. Rio de Janeiro: Nova Fronteira, 2009.

BRANDÃO, Helena Nagamine (Org.). *Gêneros do discurso na escola*: mito, conto, cordel, discurso político, divulgação científica. São Paulo: Cortez, 2003.

CARVALHO, Nelly de. *Publicidade*: a linguagem de sedução. 3. ed. São Paulo: Ática, 2009.

CASTILHO, Ataliba T. de. *Nova gramática do português brasileiro*. São Paulo: Contexto, 2010.

CORDEIRO, Glaís; ROJO, Roxane (Org.). *Gêneros orais e escritos na escola*. Campinas: Mercado das Letras, 2004.

CITELLI, Adilson (Org.). *Outras linguagens na escola*. 3. ed. São Paulo: Cortez, 2001.

DIONÍSIO, Angela. Paiva; BEZERRA, Maria Auxiliadora; MACHADO, Ana Rachel (Org.). *Gêneros textuais e ensino*. Rio de Janeiro: Lucerna, 2007.

DOLZ, Joaquim; SCHNEUWLY, Bernard. *Gêneros orais e escritos na escola*. Trad. Roxane Rojo e Glais Cordeiro. Campinas: Mercado das Letras, 2004.

ILARI, Rodolfo. *Introdução ao estudo do léxico*: brincando com as palavras. São Paulo: Contexto, 2002.

KOCH, Ingedore G. Villaça. *Argumentação e linguagem*. 13. ed. São Paulo: Cortez, 2011.

_____; ELIAS, V. *Ler e escrever*: estratégias de produção textual. São Paulo: Contexto, 2009.

_____. *Ler e compreender*: os sentidos do texto. São Paulo: Contexto, 2006.

MARCUSCHI, Luiz Antônio. Gêneros textuais: definição e funcionalidade. In. DIONÍSIO, A. et al. *Gêneros textuais de ensino*. Rio de Janeiro: Lucerna, 2002.

_____. *Da fala para a escrita*: atividades de retextualização. 4. ed. São Paulo: Cortez, 2003.

_____. *Produção textual, análise de gêneros e compreensão*. São Paulo: Parábola, 2008.

_____. XAVIER, Antônio Carlos. (Org.). *Hipertexto e gêneros digitais*: novas formas de construção do sentido. Rio de Janeiro: Lucerna, 2004.

NEVES, Maria Helena de Moura. *Gramática de usos do português*. São Paulo: Fundação Editora Unesp, 2000.

ROJO, Roxane. H. R. *Escol@ conectada*: os multiletramentos e as TICs. São Paulo: Parábola, 2013.

_____.; MOURA, E. (Org.). *Multiletramentos na escola*. São Paulo: Parábola, 2012.

SCHNEUWLY, Bernard; DOLZ, J. *Gêneros orais e escritos na escola*. Campinas: Mercado de Letras, 2004.

TRAVAGLIA, Luiz Carlos. *Gramática e interação*: uma proposta para o ensino de gramática. 13. ed. São Paulo: Cortez, 2009.

ZAMBONI, Lilian Márcia Simões. *Cientistas, jornalistas e a divulgação científica*: subjetividade e heterogeneidade no discurso da divulgação científica. Campinas: Autores Associados, 2001.